Cómo construir una red de valor al emprender un negocio

5 etapas para convertir su potencial de emprendedor
en un negocio expandible y duplicable

Por Saúl Núñez

Agradecimientos

Gracias a ustedes he aprendido a levantarme de mis caídas y a enfocarme en lo que me falta por correr; sigo hacia la meta, sé que llegaremos juntos. Gracias, Valeria; gracias, Rosalba.

Gracias, Mario Corona, por ser mi maestro y mentor en la construcción de este libro.

Gracias, Dr. Calivá, por tomarse el tiempo de leer y sugerir cambios que contribuyeron a este proyecto.

Gracias, Olga Córdoba, por su tiempo y paciencia en revisar este libro y generar aportes de gran valor.

A todos, muchas bendiciones.

Dedicatoria

Si usted es una persona que está buscando hacer algo diferente en su vida para obtener resultados distintos de los que hasta ahora ha tenido, entonces está leyendo el libro correcto. Le felicito. Este libro está dedicado a:

➢ Emprendedores que se dejan apoyar por otros para empezar un negocio.

➢ Personas que se dejan educar, para ayudarse a sí mismas y a otras a crecer como seres humanos y a elevar su potencial de emprendedor.

➢ Personas que sueñan con tener un negocio propio.

➢ Personas responsables de sus vidas.

➢ Personas que anhelan su libertad financiera y pasar más tiempo con su familia.

- Personas que desean construir un negocio que puedan heredarles a sus hijos.
- Personas que buscan éxito empresarial y crecimiento de liderazgo.
- Personas que desean dejar una huella o un legado.
- Emprendedores que anhelan innovar con los métodos más poderosos que existen en la nueva economía.
- Personas que comprendan que los negocios toman su tiempo para generar los resultados deseados, y que estos no se alcanzan de la noche a la mañana.
- Personas que quieren apalancarse con empresarios exitosos para hacer crecer su negocio.
- Personas que desean salir adelante sin importar hacer lo que haya que hacer.
- Personas que desean construir una red de valor al emprender su negocio.

Si usted es una de estas personas, entonces, mi querido amigo o amiga, seré honesto con usted, siga adelante y léase este libro, porque al hacerlo habrá dado un paso importante en su vida. Valdrá la pena, pues con el modelo que verá aquí, muchas personas alrededor del mundo han logrado en su vida lo que nunca alcanzaron trabajando para la empresa de otros. Sé que al terminar de leer tendrá una mayor perspectiva sobre su potencial y la oportunidad más cerca para lograr sus sueños.

Índice

Introducción

¿Cuál es el reto con este libro?

Hoy, es muy frecuente escuchar a las personas quejarse sobre la situación del mercado laboral y lo difícil que es crear un negocio propio. En efecto, sabemos que es una realidad que perturba a millones de emprendedores alrededor del mundo que temen por su futuro.

Sin embargo, emprender un negocio es lo mejor que le puede suceder a una persona que tiene el sueño de lograr libertad financiera y una mejor calidad de vida. Emprender puede ser simple, pero no es nada sencillo para aquellos que no tienen una guía o el apoyo de un mentor que les indique cómo hacer las cosas. De manera que es importante plantearse la siguiente pregunta como uno de los principales retos por resolver y que enfrentan las personas a la hora de emprender:

¿Cómo construir una red de valor al emprender un negocio?

¿Cuál es el objetivo de este libro?

El objetivo de este libro es simple, voy a mostrarle las etapas y pasos para construir una red de valor al emprender un negocio. De esa manera, con entusiasmo y compromiso, comparto la forma con la que busco ayudar a emprendedores y profesionales a convertir su potencial de emprendedor en un negocio exitoso.

Mediante la construcción de una red de valor, usted obtiene mejores alianzas para darle músculo a su negocio. Usted construye un negocio sólido que puede expandir y generar los ingresos que se proponga obtener, y todo con un simple modelo de negocio que lo lleva paso a paso para obtener los resultados deseados.

No importa la industria en la que usted quiera emprender. Millones de personas pueden usar este modelo de negocio en todo el mundo.

Políticos, ingenieros, médicos, odontólogos, abogados, economistas, administradores, gerentes, empresarios tradicionales y no tradicionales, personas sin estudios, personas humildes y sencillas pueden decidir emprender y orientar sus esfuerzos en construir una red de valor para lograr sus sueños y una mejor calidad de vida.

Cuando una persona se atreve a construir la red de su negocio, puede elevar su propio potencial de emprendedor y convertirse en experta en resolver problemas que otros enfrentan para lograr sus más preciados sueños. Además, llega a conocer lo que es apalancarse con personas exitosas y que están dispuestas en apoyarle para lograr sus metas.

Estoy completamente convencido de que la red de valor es un modelo que une a las personas para convertir el potencial de emprendedor en un negocio de miles de dólares, que le permitirá tener una mejor calidad de vida como jamás lo haya imaginado; y, si usted me lo permite, quiero ser parte de esto.

¿Quién soy y por qué leer, escuchar e interiorizar lo que digo en este libro?

Muy probablemente usted se está planteando algunas preguntas sobre el autor de este libro: ¿por qué leer, escuchar y aceptar lo que me dice en este libro?, ¿por qué quiere enseñarnos sobre la forma de diseñar una red de valor sobre clientes y líderes que debemos tener alrededor de nuestro emprendimiento?

Pues bien, permítame presentarme de la manera correcta: mi nombre es Saúl Núñez y, al igual que muchos de ustedes, fui empleado y trabajé para el sueño de otra persona, y después de cumplir los 45 años, ningún empleador se interesó más por mi currículo.

Lleve mis estudios universitarios en mercadeo, finanzas, operaciones, y me gradúe como doctor en Ciencias Económicas y Empresariales. Mi conocimiento, mis habilidades y experiencias nadie las quería pagar en el mercado laboral, y opté por dedicarme a dar clases en universidades públicas y privadas, al tiempo que emprendía un proyecto familiar en la industria cárnica, otro en la industria de producción de leche y otro en el área de servicio de fumigación industrial. Los resultados fueron interesantes, pero no los esperados.

Llegó el momento de hacer un alto en el camino y me pregunté: ¿Por qué con tantos estudios y experiencia laboral aún sigo siendo pobre?... y a partir de ese instante me di cuenta de que era el momento de renunciar a TODO y empezar a hacer una reconversión en mi vida.

Renuncié a muchos aspectos que me hacían pensar como empleado y no como empresario. Renuncié a todo aquello que me atara al yugo salarial y opté por trabajar para mí: decidí emprender mi propio negocio de entrenamiento y mentoría, trabajo por comisión y resultados, y empecé a construir negocios en red. Con cualquiera de las formas en que actúe, me aseguro de cobrar según mis resultados.

La vida me ha llevado hasta aquí para poder dar un aporte de cómo construir una red de valor a la hora de emprender un negocio. En este libro se encuentra mucho de lo que tuve que aprender para dejar de pensar como empleado y convertirme en una persona que busca los resultados.

Así que, présteme atención si verdaderamente quiere cambios en su vida; estoy seguro de que la información recopilada en este libro le servirá tanto como me ha servido a mí. Yo soy la garantía de que sí funciona, y si funciona para mí también funcionará para usted. Recuerde, estoy aquí para apoyarle a lograr su sueño.

Cuando desee comprometerse a construir un legado que impacte a la humanidad, solo construya una red de valor, porque ella se ensancha cuando usted comparte una oportunidad de esperanza para todos.

Saúl Núñez

CAPÍTULO 1
Si va a emprender

¿Por qué emprender?

A partir de la decisión de emprender un nuevo negocio, supe que tenía que construir una red de valor que le diera sostenibilidad a la empresa. Es decir, comprendí que para darle músculo a la red, lo más importante era hacerlo junto a otras personas que también buscaban hacer algo diferente para cambiar sus vidas. Desde ese punto de vista, si quiere ayudar a la gente a crecer, es de vital importancia educarse como empresario y ayudar a otros a lograr sus sueños.

Desde los inicios de la construcción de mi negocio me sentía inquieto, me intrigaba no conocer más allá de lo que ya sabía. Es decir, creía saber algo pero cuando empecé a leer sobre las personas y empresas que desarrollan negocios en red, a escuchar conferencias de expertos de diferentes industrias y a conocer gente que estaba teniendo éxito en sus negocios, me di cuenta de que no sabía absolutamente nada de nada sobre construir una red de valor, tal como le he llamado en este libro. En verdad era un *Ignoramus*.

Construir una empresa con una red de valor es una decisión inteligente que le ayudará a resolver muchos de sus problemas de tiempo y dinero. No tener una red de valor en su negocio es ir directamente al fracaso.

Algo que te puede ayudar a tomar una decisión para emprender y crear su negocio con una red valor, es prestar atención y observar algunos indicadores alarmantes que nos muestran las economías locales y del mundo entero. Los noticieros hablan de cierres de empresas, traslados de compañías de un país a otro, fugas de cerebros, robotización de plantas industriales y desempleo, entre otros temas que cada día son más deprimentes y tienden a hacer desaparecer las oportunidades y sueños de las personas.

Si usted se sienta y analiza el sistema económico de empresas tradicionales, en las que la mayoría de la población mundial trabaja y constituye su único ingreso, se dará cuenta de que es un sistema que ya murió y muchos no se han dado cuenta. Es decir, analice las oportunidades de empleo y observe que miles de posiciones de trabajo ya no existen, la cantidad de empleos ya no es como la de antes, la gente que estudió ni siquiera trabaja en lo que se educó, los salarios están por debajo del costo de vida, las oportunidades son cada vez más escasas, y solo sobrevive el más astuto y visionario.

El mercado laboral está colapsado, por lo que usted debe hacer un cambio en su vida y direccionar sus esfuerzos a construir su empresa, pero con una sólida red de valor que le dé la esperanza de tener un negocio, ponerse metas y lograr sus sueños, en lugar de trabajar por los sueños de otros.

Ahora, si se detiene por un momento a ver su entorno, se dará cuenta de que las empresas de las economías tradicionales son cada vez más vulnerables ante la incertidumbre que vive el mundo. En otras palabras, si las personas logran tener un empleo, apenas es para sobrevivir en la clase media —que ya está desapareciendo— o en la pobreza. Es decir, no tienen posibilidad de alcanzar una libertad financiera como lo hacen empresarios independientes que construyen empresas con una sólida red de valor.

Ya nadie detiene el colapso del mercado laboral, eso es más que claro, pero la pregunta es qué va a hacer usted al respecto. Preste mucha atención a lo que le voy a decir: usted se merece construir su propio negocio y asegurar su futuro y el de su familia. Emprenda, pero cuando lo haga, decídase a construir un negocio con una red de valor tan sólida que le permita tener una mejor calidad de vida.

Construir una red de valor a la hora de emprender su negocio tiene sus ventajas:

➢ Ser dueño de un negocio propio.

➢ No requiere infraestructuras físicas.

➢ Puede desarrollar su negocio desde una computadora o celular.

➢ Necesita una inversión mínima sin riesgo.

➢ Recupera su inversión incluso desde el primer mes.

➢ Permite dedicación parcial o tiempo completo.

➢ La flexibilidad de horario facilita el equilibrio entre familia y negocio.

➢ Desarrolla su negocio sin deudas.

➢ Siempre se está capacitando.

➢ Hay un equipo de apoyo a su alrededor.

➢ Puede expandir su negocio alrededor del mundo.

➢ Usted decide cuánto quiere ganar.

➢ Los ingresos dependen de sus esfuerzos.

Al construir su emprendimiento con una red de valor, usted se convierte en el único responsable directo de las operaciones; su objetivo es mostrar la oportunidad de negocio como un negocio de valor.

Sea único

Ha notado que cuando ciertas personas hacen algo diferente al resto de la gente, muchos se vuelven y las miran raro. Si está feliz o con una sonrisa de oreja a oreja le dicen: "¡Y a este qué le pasó!", o "¡Qué bicho lo picó!". Cuando alguien toma una postura diferente ante la vida o lo ven caminar derecho, le dicen: "¡Quién sabe en qué negocio oscuro anda este!".

En fin, cuando la gente ve un cambio positivo en ciertos profesionales, amas de casa, gente sencilla del campo o en ciertos empresarios tradicionales de mente abierta, piensan que son raros o que algo raro les está pasando, pero lo que menos se imaginan es que su comportamiento de felicidad se debe a que han dado un paso importante en sus vidas: emprender un negocio con una red de valor para enfrentar los retos financieros que no lograron manejar siendo empleados.

¿Cómo responde usted al mundo de las oportunidades? En el mundo hay dos tipos de personas cuando de oportunidades de crecimiento se trata:

> ➤ la gente totalmente diferente, que ve y toman las mejores oportunidades de negocio que están disponibles para todos.

> ➤ las personas perdedoras, que solo están viendo pasar las oportunidades frente a sus ojos y criticando lo que hacen los demás.

¿Qué tipo de persona es usted cuando de oportunidades de crecimiento se trata? Si le gustaría dejarse ayudar y apoyar a los demás a resolver los problemas que enfrentan y lograr los sueños y metas que tienen, entonces debe unirse al equipo de gente diferente; el equipo de gente emprendedora, soñadora, positiva, visionaria, valiente, líder, decisiva, comprometida, triunfadora, humilde, gente de cambio, gente única.

¿Tendría el valor de intentarlo y no seguir formando parte del montón?

¿Cree que le sería posible ser diferente a la masa de gente y unirse a otros para llegar a transformar e impactar vidas?

Claridad ante todo

Le cuento, soy del grupo de gente diferente, gente única, y ahora tengo una misión:

> Yo ayudo a las personas a elevar su potencial de emprendedor con un programa educativo para que se eduquen como empresarios, construyan su negocio, generen los ingresos suficientes y tengan una mejor calidad de vida.

Le invito a formar parte de este grupo, un equipo diferente, una comunidad de líderes que le pueden apoyar para hacer y lograr cosas inimaginables, si está dispuesto a salirse de la masa de la gente común. Si lo está, ¡bienvenido! Es urgente inspirar a muchos a tener un cambio significativo en sus vidas. Prepárese, está entrando a un mundo diferente. Lo que usted haga hoy marcará el progreso de sus sueños. Estoy aquí para apoyarle y me gustaría que me considere para ser parte de ello.

Sea activo

Cuando nadie le da trabajo en el mercado laboral, lo único que queda es emprender. Al emprender, va a tener su propia empresa; va a ser el principal patrocinador de sus productos y servicios; aprenderá a vender y a recomendar sus productos, servicios u oportunidad de negocio; será el punto de atracción para llevar gente a su negocio y se educará como empresario para el resto de su vida.

¿Qué necesita tener para ser empresario? Lo más importante es tener un sueño y ganas de alcanzarlo, ser humilde para aprender de otros y ser único en su nicho de mercado a través de su COHEX (conocimiento, habilidad y experiencia), lo cual le hace ser diferente a los demás.

Ahora bien, preste atención al mensaje que le ha llegado ya a su inconsciente: si se educa para ser empresario, genera valor a las personas, recomienda sus productos y servicios de forma inteligente, si tiene un sueño por el cual luchar, si consigue un mentor, y si su negocio puede resolver el problema de su cliente, entonces ya tiene un gran problema resuelto en su vida, solo le queda emprender y yo estoy aquí para apoyarle.

¿Dónde integra todos esos aspectos para que le sean útiles para tener éxito? La respuesta está en crear su empresa en la industria que desee, pero con una red de valor con la que pueda ayudarle a la cantidad de personas que le permita alcanzar la vida con la que sueña.

CAPÍTULO 2
Decídase a construir una red de valor

¿Qué es una red de valor?

Cuando decida tener su propia empresa, mi consejo es que le dedique tiempo a construir su red de valor; pero ¿qué es una red de valor? Preste atención a estos dos términos:

Cuando hablo de 'red' me estoy refiriendo al prospecto, al cliente; a los procesos de transformación y al equipo de apoyo; a los productos o servicios de su negocio, que están conectados entre sí para hacer funcionar su negocio.

Con 'valor' no solo me refiero a los beneficios asociados con un producto o servicio por el que las personas están dispuestas a pagar, o los beneficios que un empresario puede obtener al construir la red de su empresa, sino que cuando hablo de 'valor' me refiero especialmente al número de líderes dentro de su red de negocio que pueden ser educables y duplicables, y que harán crecer la red de su negocio por el poder de la Ley de Metcalfe, que básicamente consiste en duplicar a alguien igual a usted. En este caso, el líder es quien se duplica en otro igual a él y así sucesivamente para hacer crecer toda la organización (Kiyosaki y Lechter, 2006).

De manera que si en su red de negocio solo tiene un líder, la razón de valor es baja, pero si existieran tres líderes comprometidos en apoyarle dentro de la red, o si existieran seis líderes, nueve líderes, doce líderes, quince líderes, dieciocho líderes, veintiún líderes o más líderes enfocados y determinados en ayudarle a pasar de donde está a donde quisiera llegar (del punto A al punto B), la razón de valor se multiplica, ¿por qué?, porque el líder conecta más líderes para duplicarlos, y así sucesivamente. Si desea desarrollar una red de valor, solo debe duplicar su número de líderes en la red y enseñarles a hacer lo mismo que usted hace. Una red de valor se construye exclusivamente con líderes.

De manera que una red de valor no solo es el nombre que se le da al modelo o sistema para desarrollar su negocio en red. Cualquier empresa construida bajo este sistema se dice que tiene una red de valor. En términos prácticos, se puede decir entonces que una red de valor es una organización construida con líderes independientes educables y duplicables, que convergen y deciden enfocarse y están determinados a ayudar a otros a alcanzar el sueño de sus vidas.

La doble meta de una red de valor es, por una parte, atraer a suficiente número de líderes para apoyarlos en alcanzar sus sueños; y, por otra, hacer que los líderes actuales ayuden a otras personas a lograr sus metas.

Ahora bien, si el valor de una red se mueve especialmente por el número de líderes, entonces la pregunta que surge es ¿cómo podemos aumentar el valor de una red? La respuesta es muy simple, independientemente del negocio que desarrolle y del nivel en que lo tenga, tome en cuenta lo siguiente:

1. Comunique adecuadamente el negocio a un número de líderes con grandes sueños.
2. Incremente el número de líderes, al tiempo que mantiene constante su liderazgo y su sueño.
3. Expanda su negocio, al tiempo que aumente el número de líderes e incremente su liderazgo y su sueño.
4. Edifique a los líderes de su red de negocio y a los de otras redes, ya que sus experiencias retroalimentarán sus acciones por seguir en el logro de sus metas y su sueño.

El líder en una red de valor es aquella persona que de una u otra forma está en disposición de dejarse apoyar y apoya a otros para hacer crecer su negocio. De manera que un líder puede ser un cliente, un socio, un prospecto, cualquiera de la red que sea activo para hacer crecer el negocio.

Para obtener éxito en el negocio, es de vital importancia enfocarse en la construcción de una red de valor más que en los productos o servicios, pues de antemano debemos saber que los productos y servicios DEBEN ser aquellos que resuelvan un problema de las personas.

Productos y servicios en redes de valor

Las compañías que buscan mantener solidez en su red de negocio son aquellas que comercializan productos y servicios que los empresarios y clientes valoran.

Conforme las personas se involucran en el fascinante mundo de construir empresas con una red de valor, se encuentra compañías con operaciones de negocios en las siguientes categorías:

➢ Mercado de divisas.
➢ Servicios de bienes raíces.
➢ Servicios legales.
➢ Servicios contables y fiscales.
➢ Servicios financieros, tarjetas de créditos, seguros y fondos de inversión.

➤ Productos para una vida saludable: fitonutrientes, vitaminas y minerales que ayudan a mejorar el bienestar.

➤ Productos para el cuidado de la piel: cuidado facial y para el cuerpo.

➤ Productos para el hogar: limpieza del hogar, salud bucal, lavandería, utensilios.

➤ Otros.

Las verdaderas empresas que creen en el funcionamiento de una red de valor han demostrado que ellas no se dedican a vender productos, sino que primero les dan valor a las personas a través de su sistema educativo, que las pone a pensar de modo diferente. No les venden un producto o servicio de primera entrada, sino que las ponen a soñar y las educan sobre sus beneficios, para que estas personas luego realicen una acción inteligente y obtengan lo que buscan.

Elementos básicos para su red de valor

Como cualquier dueño de negocio en la industria que sea:

> ➤ Usted es el único responsable de dar valor a los que están interconectados entre sí en su red.

> ➤ La compensación monetaria que reciba de su negocio es el resultado de sus propios esfuerzos.

> ➤ El éxito o fracaso en su negocio dependen únicamente de usted y de nadie más.

¿En qué consiste el modelo red de valor?

Al modelo de negocio que desarrollo en este libro lo he llamado red de valor y está formado por cinco etapas estratégicas:

1. Construcción: 8 pasos claves para construir una red de valor.
2. Medición: crear una forma de medir el desempeño del negocio.
3. Liderazgo: desarrollar el negocio con base en un liderazgo transformador.
4. Estrategia: alinear y poner en marcha la construcción de la red de valor.
5. Educación: ser educado como empresario y no como empleado.

Si usted construye una red de valor, definitivamente habrá construido una base sólida para alcanzar mayor libertad financiera como lo hacen los ricos. Si usted no está construyendo su propia red de valor, significa que está trabajando para otra persona, es decir, habrá gastado todos sus esfuerzos en ayudarles a los ricos a hacerse más ricos.

Si usted trabaja para otro y este siente que usted ya no es de utilidad para sus intereses, entonces lo despide en el momento menos oportuno; y usted se sentirá traicionado, solo, abandonado y confundido, porque a sus cincuenta años ya nadie le da trabajo y es cuando se da cuenta de que se esforzaba por el sueño de otro mientras construía su propio nivel de pobreza.

Pase lo que pase en la vida, no se eche a morir; levántese y reflexione, busque dentro de usted, despierte, encuentre un nuevo propósito y descubra lo que ama en la vida, lo que quiere hacer. Sea consciente de lo que realmente le hace sentir y vibrar, comprenda por qué está en este mundo; y de esta forma se dará cuenta de que ahora tiene una oportunidad para hacer con su vida lo que usted quiera.

Tiene la oportunidad de lograr el control total de su vida construyendo su propia empresa, ayudando a los demás a hacer lo mismo que usted hará: construir una empresa con una red de valor, una red de líderes; su red de valor que le llevará a lograr sus sueños. Adelante, siga las etapas para construir su red de valor. No lo olvide, estoy aquí para apoyarle.

CAPÍTULO 3
ETAPA 1. CONSTRUCCIÓN: Ocho pasos claves para construir una red de valor

En este momento usted ha sido invitado a construir la red de valor de su emprendimiento, y por regla general, usted tendrá que pasar por los siguientes pasos:

Paso 1: Tomar decisiones emprendedoras para tener la vida que quiere.

Paso 2: Tener un sueño que trascienda para transformar otras vidas.

Paso 3: Hacer una lista de valor para apoyar a otros a lograr su sueños.

Paso 4: Contactar al prospecto para conocerlo.

Paso 5: Mostrar la oportunidad del negocio a prospectos.

Paso 6: Generar volumen y desplazamiento.

Paso 7: Dar seguimiento a las operaciones del negocio.

Paso 8: Promover el sueño de las personas para potenciar eventos.

Los cuatro primeros pasos (decisión, sueño, lista, contacto) tienen una perspectiva de afuera hacia adentro. Es decir, buscamos personas para atraerlas hacia el negocio y enseñarles a buscar dentro de ellas que tienen un potencial para emprender un negocio y llegar a tener la vida que merecen. Un sueño y el deseo de alcanzarlo es todo lo que se necesita conocer para convertirnos en la solución que el prospecto espera y necesita.

El paso 5 es la cita del emprender, es un momento clave en el que usted le muestra la propuesta de valor a su prospecto. Es donde usted pone frente a esta persona un producto, servicio u oportunidad de negocio y la forma de desarrollarlo, para generar posibilidades de ingresos.

El paso 6 responde a la forma de apoyar a los demás a que facturen un volumen de productos o servicios. El objetivo es fomentar el consumo; es mover a los participantes de la red a generar volumen. Consiste en hacer que el líder del negocio piense como empresario y sepa que todo negocio se centra en mover volumen de productos o servicios a través del consumo, que si no existe movimiento de productos o servicios en una red de valor, no hay negocio que le pueda mejorar los ingresos de su vida.

Este concepto de mover volumen tiene la perspectiva de adentro hacia afuera; inicia con el proceso de transformación educativa de la persona que la lleva a actuar como empresaria. Se enfoca en que el empresario comprenda desde el inicio que este es un negocio de comercialización, es decir, mover volumen de producto por medio de una red de consumo.

Con respecto al seguimiento de operaciones en el paso 7, este consiste en darle continuidad a las cosas hasta lograr su cometido en el tiempo previsto en que se dijo que se iban a hacer. El seguimiento mismo de las operaciones del negocio y la constancia de promover el sueño de la persona según el paso 8, responde a la estrategia del negocio para mantenerse firme en cuanto a lograr las metas y los sueños de su vida.

A continuación se detallan los pasos para construir una red de valor al emprender su negocio. Es la forma asequible de dar el primer paso, para continuar con el segundo y así sucesivamente.

Paso 1. Tomar decisiones emprendedoras para tener la vida que usted quiere

Si quiere dejar de quejarse y cambiar la vida que lleva, debe tomar decisiones inteligentes. Las personas que toman decisiones en la vida corren riesgos, y quienes toman riesgos es porque apuestan por la vida que sueñan.

Pero ¿cómo tomar decisiones para tener la vida que quiero? Es muy simple, tome una silla y siéntese a pensar por un momento en su vida. En mi caso, cuando ya nadie me daba trabajo, tuve que sentarme a pensar qué hacer. Recuerdo que tomé lápiz y papel, y sobre el papel tracé una raya con dos puntos. En un extremo puse el punto A —es el punto donde me encontraba— y en el otro extremo puse el punto B —es el punto adonde quería llegar—.

Figura 1. Línea de puntos de la vida de una persona

Punto A
La vida que
tengo

Punto B
La vida que
quiero

Con esta figura reflexioné y me dije: "¿Qué no he estado haciendo para estar en el punto B y tener la vida con la que sueño?". Encontré la respuesta dentro de mí, después de analizar un reducido grupo de personas exitosas que actúan diariamente y que han logrado alcanzar progresivamente sus sueños.

Dado que he querido tener una vida mejor, voy aprendiendo día a día a tomar decisiones. He observado lo que muchos líderes han tenido que cambiar para tener éxito. Si quiere construir una red de valor para que su negocio le genere la libertad financiera que busca, la estrategia es tomar decisiones estratégicas para el cambio.

Le comparto las decisiones que he aprendido a tomar en mi vida después de seguir a muchos líderes que han cosechado éxito en sus negocios. Los pequeños logros que voy teniendo a partir de tomar estas decisiones los he celebrado con mucho entusiasmo, ¿por qué?, porque al celebrar lo pequeño me estoy programando para celebrar los grandes logros como lo han hecho famosos empresarios.

8 decisiones estratégicas para su libertad financiera:

1. Su decisión de crear un negocio con una red de valor.
2. Su decisión de pensar como rico y no como pobre.
3. Su decisión de apoyar a la mayor cantidad de personas que pueda en su negocio.
4. Su decisión de enfocarse y determinarse.
5. Su decisión de educarse como empresario para el resto de su vida.

6. Su decisión de creer en la industria que representa.
7. Su decisión de convertirse en un líder que inspire y transforme su entorno.
8. Su decisión de poner a Dios como su socio de negocios.

La brecha que nos separa del punto A al punto B son decisiones inteligentes que debemos tomar para tener la vida que soñamos. Adelante, solo dé el primer paso para tener la vida que quiere; tome su decisión de emprender un negocio. Si toma esta decisión, le podemos llevar hacia el punto B. Emprenda, pero emprenda en un negocio que le apasione, porque solo así lo disfrutará.

Paso 2. Tener un sueño que trascienda para transformar otras vidas

La construcción de una red de valor inicia con las decisiones que van a transformar su vida. Atender una necesidad no es suficiente para salir adelante, se debe tener un sueño. Un sueño es algo que uno quiere, cueste lo que cueste lograrlo. Es una razón por la que uno lucha y con la que le encuentra sentido a la vida. Una persona con un sueño tiene vida, sonríe y llora de alegría, es feliz y hace las cosas apasionadamente siempre. Una persona con un sueño es un ser que construye una vida plena.

No importa cuál sea el sueño, solo sueñe en grande y vaya por ese sueño que es solo suyo y de nadie más. A este sueño debe darle vida manteniendo un corazón y una mente activa. Su sueño se debe nutrir de las experiencias de los grandes líderes de la industria que representa. Este sueño le debe poner a vibrar cada vez que se acerca más a la meta, cuando lee un libro de la industria, participa en seminarios, recibe capacitación y mentoría. Es el sueño que le mantiene conectado a líderes y a información sobre el negocio y su entorno. Es información que procesa y le pone a pensar en grande y le permite desarrollar un negocio al más alto nivel de la industria que usted representa.

Tener un sueño es solo una parte del eslabón para construir una red de valor, si usted tiene un sueño ya es afortunado, quizás otro no lo sea. Durante el proceso de construcción de su red, es probable que se encuentre con personas que no tengan un sueño claro en sus vidas. Estas personas en el fondo creen haber perdido su fe y esperanza cuando intentaron hacer algo para salir adelante, pero no les sucedió así y entonces se sintieron frustradas en la vida, pero no significa que no tengan un sueño, solo significa que se quedaron dormidas en una estación del éxito. Sin embargo, si esta persona está dentro o fuera de su red, habría que preguntarse cómo apoyarla para elevar su capacidad de soñar. Como respuesta a esta interrogante lo que debe hacer es conectar a esa persona con su interior y someterla al siguiente proceso:

Proceso para elevar el potencial soñador de las personas: Para ayudarle a otras personas a despertar nuevamente la esperanza de soñar, debe ser hábil para generar opciones que el prospecto valore de su vida.

Figura 2. Proceso para elevar el potencial soñador de las personas

En este proceso, se sugiere que le formule al prospecto una serie preguntas del tipo de situaciones que no "soporta" diariamente.		
Preguntas para el prospecto	**Retroalimentación para el prospecto**	**Los nuevos sueños del prospecto**
1. ¿No soporta la pobreza?	Si no soporta aquello por lo que le he preguntado, entonces ahí tiene ya varias razones que puede transformar y convertir en sus sueños.	1. Si no soporta la pobreza, entonces sueñe con libertad económica.
2. ¿No soporta tener deudas?		2. Si no soporta las deudas, sueñe con nuevos ingresos en sus cuentas.
3. ¿No está a gusto en la casa donde vive?		3. Si no soporta la casa en la que vive, luche por la casa de sus sueños.
4. ¿No soporta el barrio en donde vive?		4. Si no soporta el barrio en donde vive, construya la casa de sus sueños en el lugar que desea.
5. ¿No soporta a sus jefes y horarios de trabajo?		5. Si no soporta a sus jefes y horario de trabajo, entonces sea su propio jefe, construya su negocio.
Comentario: Una vez hecho este ejercicio, es necesario evaluar al prospecto para saber si verdaderamente le incomodan estas cosas y si está dispuesto a cambiarlas por nuevos sueños con determinación y enfoque. Si el prospecto no está determinado a cambiar esa situación en la que vive mediante un plan de acción, entonces significa que no le duelen lo suficiente como para hacer un cambio y tener una mejora en la calidad de vida.		

Cuando las personas deciden no hacer cambios para mejorar su vida, no hay nada que hacer con ellas; siga con la siguiente y así sucesivamente hasta que encuentre a alguien que esté abierto al cambio y dispuesto a conectarse a su sistema educativo, para que usted lo transforme en una nueva persona, en un líder, en su cliente ideal, en empresario, en socio, en parte de su red de negocio.

Si en este proceso de construir una red de valor no actúa inmediatamente, nunca podrá dar el siguiente paso. Hágalo ya. Se necesita un sueño grande para construir una red de valor que lo lleve a tener la vida que quiere.

Paso 3. Hacer una lista de valor para apoyar a otros a lograr el sueño de su vida

Hemos comentado que *valor* es igual a tener un número de líderes empresarios en una red de negocios que pueden ser educables y duplicables ¿cierto? Ahora bien, un sueño no se logra solo. Un sueño se logra ayudando a los demás. Si quiere lograr un sueño, debe interesarse profundamente en el sueño de otros y apoyarlos para que lo alcancen. Por lo tanto, empiece por hacer una lista de personas a las que apoyará a lograr sus sueños y automáticamente el sueño que usted tiene se irá cumpliendo.

Los más grandes empresarios en el mundo son líderes, porque generan valor a sus usuarios a través de los beneficios de los productos y servicios que producen y que el cliente está dispuesto a comprar. En su emprendimiento, este asunto no es diferente. En cualquier modelo económico del mundo, las empresas necesitan usuarios y estos necesitan a las empresas que les ofrezca los bienes y servicios que requieren. Es un asunto de reciprocidad, el uno necesita del otro para cumplir sus sueños, deseos o necesidades. Todos necesitamos del apoyo de otros para seguir adelante. No puede ser de otra manera.

Para lograr su sueño debe atraer personas a su negocio a las cuales ayudará a resolver los problemas que no les permiten avanzar o tener éxito. Pero en este proceso surge la gran pregunta: ¿Cómo atraer personas para construir la red de su negocio y apoyar a esas personas a tener éxito?

Se debe tener claro que en la construcción de una red de valor, las personas son la materia prima para construir el negocio, y en este proceso existen dos estrategias que los emprendedores utilizan para hacer crecer la red:

> Desarrollo de la red de manera presencial.
> Desarrollo de la red *online*.

El desarrollo de la red de la forma presencial se da cuando, por medio de una lista, usted empieza a contactar por teléfono a las personas; hace presentaciones en casas, oficinas o cafés; o lleva a las personas a un evento y les muestra su negocio u oportunidad irresistible. Sin embargo, hay que plantearse cómo hacer una lista de valor de manera profesional que le permita atraer y ayudar a las personas.

Primero: Inicie haciendo su propia lista de contactos

Una buena red de contacto es una inversión de alta rentabilidad para su negocio. Sin importar la cantidad personas que conoce, inclúyalas en su lista de potenciales contactos. Esta lista nace de las personas más cercanas, como amigos, familiares y clubes, entre otros. En esa lista de contactos va a tener prospectos y luego clientes o socios.

Para que su lista sea efectiva, debe considerar los siguientes consejos:

> ➢ Nunca debe juzgar a una persona si desea ampliar su lista de prospectos líderes. Permítales la entrada a todos. Cualquier persona primero es un potencial prospecto, y luego un cliente o socio, hasta que él nos indique lo contrario.
> ➢ No olvide los detalles de cada contacto, ya que es la información necesaria que nos permite detectar la necesidad del prospecto.
> ➢ Maneje esa lista de personas por categorías: enseñable, duplicable,

iniciativa, influencia y solvencia. Señale la categoría que reúne cada persona para su respectivo contacto.

Segundo: Incremente su lista a través del *networking*

El *networking* es una práctica que hace referencia a eventos en los que usted participa para crear una nueva red de contactos, luego estas personas se pueden convertir en prospectos y finalmente en clientes o socios de la red de su negocio.

Tercero: Incremente su lista a través del amigo

Es una técnica que se aplica para incrementar la lista de contactos de su red de negocio. La técnica consiste en obtener una lista de contactos de cada persona a la que usted le muestre la oportunidad de construir la red de valor al emprender su negocio. La otra forma es que su contacto, prospecto o ya cliente comparta con sus amigos y conocidos la valiosa y potente información que ha recibido en la propuesta de valor que usted le ha mostrado. Para lograr esto tome en cuenta lo siguiente:

> ➢ Contacte a la primera persona de su lista, y muéstrele la oportunidad de cómo construir su red de valor al emprender su negocio.

> ➢ Una vez que haya contactado a una persona para mostrarle la oportunidad de emprender su propio negocio y haya logrado conectar con mayor afinidad con dicho prospecto, pregúntele si conoce a un amigo que desee tener su propia empresa, al cual le podamos mostrar cómo construir su red de valor al emprender.

> ➢ Por cada persona de su lista a la que le aplique esta técnica, haga crecer la

cantidad de contactos en su lista a los que apoyaremos para que empiecen a desarrollar su negocio.

➢ Procure que sus prospectos se dirijan hacia un amigo o a un seguidor de ellos, pues los verdaderos amigos son fieles a sus amigos, y si ese amigo emprende un negocio, también su amigo lo hará tarde o temprano y, por supuesto, usted será su mentor.

➢ Recuerde que el objetivo de la red es hacerla cada vez más grande y ayudarle a los demás a crecer.

Cuarto: Incremente su lista a través del amigo en cadena

Consiste básicamente en aplicar la misma técnica del amigo, pero en forma de cadena, de manera que:

➢ Cuando contactamos a ese amigo de su amigo, nos atrevemos y también le preguntamos si conoce a un amigo que quiera emprender, y así sucesivamente les preguntamos a todos, mientras la lista y el negocio va creciendo en red.

➤ Cada empresario debe alimentar esa lista diariamente, ya que es la materia prima para trabajar y hacer crecer la red de valor.

Si pensamos en hacer crecer la red de su negocio de manera *online,* se trata, básicamente, de apalancarse con la tecnología usando el internet para crear lo que llamo "*network* embudo". El *network* embudo es solo una forma para generar valor a las personas que están afuera de su red, con el fin de despertar su interés y lograr traerlas a su negocio, convertirlas en sus prospectos, y si luego las conecta a un sistema educativo para hablarles sobre los beneficios de sus productos, servicios u oportunidad de su negocio, las puede llegar a hacer sus clientes o socios.

En resumen, el *network* embudo es la técnica de negocio cuya función es hacer la presentación de su negocio por medio de internet, para convertir a las personas en prospectos y luego en clientes o socios de su negocio. El embudo hace la presentación por usted aun cuando usted no esté ahí.

Pero ¿cuál es el proceso para hacer crecer la red de forma *online* de manera profesional?

Primero: Incite a las personas a actuar sobre una propuesta irresistible que usted ha preparado para ellas. El objetivo aquí es que las personas den el siguiente paso que les tiene preparado.

Segundo: Genere valor a las personas con respecto a los beneficios del producto, servicio u oportunidad de negocio que las personas merecen tener en la vida. El objetivo aquí es que la persona de forma voluntaria se registre en su página web, Facebook o WhatsApp, entre otros, y deje su nombre y correo, con el único fin de recibir más información.

Tercero: Una vez que la persona le haya compartido su nombre y correo, podemos decir que esta persona ya es un prospecto de su red de valor y está dispuesta a recibir la información necesaria para ser su cliente o socio de la oportunidad que le ha mostrado. No olvide darle lo que le ofreció como bono de valor, ya sea un video, un audio o un libro, entre otros.

Cuarto: Lleve a su prospecto a la página donde le pueda mostrar formalmente lo que tiene para él. Si esta persona está interesada en su producto, servicio u oportunidad, entonces conéctela a su sistema educativo para educarla como cliente o socio, según lo que haya decidido para formar parte dentro de su red de valor. De principio a fin, genere valor y educación a las personas y deje que sus prospectos decidan si quieren ser cliente o socio de su red de valor.

Quinto: No olvide darles seguimiento a sus prospectos, sistema educativo, clientes o socios.

Figura 3: Proceso del *network* embudo

Generación de valor — Personas — Generación de valor

Cliente - Socios

Por otra parte, si lo que desea es acelerar el proceso de crecimiento de su red, la recomendación es combinar las estrategias presencial y *online*. Dichas estrategias aplicadas de forma independiente generan resultados positivos, pero la combinación de ambas promete importantes resultados para hacer crecer su organización. De esta manera, puede atraer a cualquier persona a su red de valor, ya sea de forma presencial, *online* o con la combinación de ambos métodos. Así que tómese su tiempo diariamente para conocer y agregar personas a su red por medio de estas poderosas estrategias. Con el tiempo y la práctica, aplicar dichas estrategias se vuelve un hábito y la red en su negocio será tan sólida como para generar los ingresos suficientes que le permitan tener la calidad de vida con la que usted sueña.

Paso 4. Contactar para conocer al prospecto

Uno de los puntos importantes a la hora de crear una red de valor es que debemos saber escuchar cada vez más a las personas, y hablar menos de nosotros mismos. Esta es la principal clave a la hora de contactar y conocer a una persona.

En este proceso de contactar a las personas, el conocimiento que se tenga del negocio es muy importante. Sin embargo, si no tiene conocimiento, habilidad y experiencia en la industria en que emprende, no se preocupe. Nadie nace aprendido.

Déjeme decirle que uno de los aspectos más interesantes de construir una red de valor en la industria —cualquiera que esta sea— es que se aprende sobre la marcha. Durante este proceso de construcción se cometen errores, los cuales son valiosos para canalizar su proceso de enseñanza y aprendizaje, y lograr convertir sus debilidades en una fortaleza en su el camino al éxito.

Si su objetivo es desarrollar un negocio profesional, entonces debe estar preparado para plantear las preguntas correctas. En este caso, lo primero que se recomienda es crear el hábito de estar conectado siempre a su mentor y a un sistema educativo que le permita aprender de las experiencias de otros y desarrollar habilidades y dones específicos del negocio que construye. Este hábito le permite una mayor postura en la industria que emprende y le brinda más posibilidades de contactar y conocer a su prospecto de manera profesional.

Nuestro papel como empresario es dirigir una conversación amena a través de preguntas claves que nos permitan conocer al prospecto. El siguiente es un proceso de tres pasos para contactar de forma profesional a las personas:

Primero: Defina a su prospecto

Cuando decidimos construir una red de valor para el negocio, unos de los aspectos a los que siempre les prestamos atención son los contactos, los prospectos y los clientes que vamos a tener. Haga una descripción precisa de las personas: sexo, edad, si es de mente abierta, sonriente, le gusta solucionar problemas, qué quiere tener, qué quiere ser y qué quiere hacer en la vida, entre otros aspectos, que nos vayan indicando la forma en que debemos mostrarle nuestros servicios o una oportunidad de negocio para su vida a esta persona.

Si lo que usted quiere es enfocar a una persona en lo que usted tiene para ella, lo que tiene que conseguir es que esa persona abra su mente y su corazón, y vea que hay algo diferente de lo que está haciendo actualmente.

El proceso de contacto es conocer a la persona: escucharla, conocer su sueño, conocer su potencial como cliente, emprendedor, identificar si esa persona es educable y duplicable, establecer un vínculo de amistad con esa persona para que de esa manera exista una mayor probabilidad de que la persona comprenda que tenemos algo que le puede ayudar en su vida.

Segundo: Identifique el principal reto de su prospecto

Si la mejor manera de conocer el problema de nuestro prospecto es preguntándoselo directamente, entonces, proceda a consultarle profesionalmente.

El proceso de consulta es hacer preguntas que le direccionen especialmente a conocer esa fuerza de emprendedor que tiene, e identificar el principal problema de su prospecto o cliente. Así, por ejemplo, para determinar el entusiasmo de emprender del prospecto al que le va a apoyar en su proceso de construir su red valor, el proceso sigue una conversación estructurada como la aplicada en mis casos de estudio:

¿Alguna vez ha emprendido negocios en su vida?

Si la persona le da un "no" como respuesta, continúe con la siguiente pregunta:

¿Por qué no ha emprendido negocios en su vida?

Muy probablemente las personas le darán todas las excusas del porqué no lo han hecho, por ejemplo le dirán: no tengo una red de contactos para hacer crecer mi negocio, no tengo tiempo, no tengo dinero, no califico para hacer un préstamo en el banco, los impuestos comerciales son muy caros, las autoridades competentes piden muchos requisitos para el permiso de salud, los permisos municipales son muy tediosos, las cargas sociales son muy altas, las pólizas de seguro son caras y la Ley 7600 es complicada, entre otros.

Si la persona le responde que sí ha tenido un pequeño negocio, entonces pregúntale cómo le fue.

Seguramente le dirá que no le fue tan bien como se lo imaginaba; por ejemplo, le puede responder que le fue más o menos, la red de contacto no le respondió como esperaba, no funcionó, fue terrible, se le acabó el capital de trabajo y aún no tenía clientes que le generaran un ingreso para mantenerse a flote, la competencia era muy fuerte, no tenía cómo pagar la planilla ni cargas sociales y aguinaldo, y al final quedó hasta el cuello de deudas y sin un solo centavo en la bolsa.

Continúe consultando y pregúntele por qué no le funcionó el negocio.

Le repetirán la misma historia: falta de tiempo; mi red de contacto era pequeña; falta de dinero; no logré hacer un préstamo en el banco; los impuestos comerciales, los permisos de salud y los municipales, las cargas sociales y las pólizas de seguro eran muy altos; mi socio me robó dinero, se fue y me dejó tirado; mi esposa no me apoyó; esto no era para mí; no era bueno para eso; y otras razones más.

También existe la posibilidad que le diga que sí, que en este momento está emprendiendo sin tener una red de clientes; que ya salió de todo ese asunto de permisos, cobros municipales, cobros de pólizas y seguros; que por el momento todo son gastos y nada de ingreso; que es el que barre y limpia, y atiende al público; que es el primero en llegar al negocio y el último en salir; que no tiene un salario todavía; que está empezando a hacer la cartera de clientes y todos piden crédito; y bla, bla, bla.

CAPÍTULO 3

Le suena conocido todo esto, ¿verdad que sí? Claro, esta es la realidad de aquellas personas que emprenden un negocio y no están preparadas para enfrentar todos esos desafíos y en general, solo logran subsistir las grandes compañías y emprendedores visionarios. Pero y entonces ¿qué soluciones existen para estas personas que viven un calvario día a día en sus negocios?

Tercero: Sea la solución que su prospecto espera y necesita

Independientemente de la industria en la que usted desarrolle su negocio, ya sea en la industria tradicional, la industria de mercadeo en red o negocios por internet, entre otros, los emprendedores siempre van a tener el problema de cómo construir una red valor a la hora de emprender un negocio.

Sin embargo, todo emprendedor debe amar anticiparse a los problemas, ¿sabe por qué?

Cómo construir una red de valor al emprender un negocio **87**

Porque el problema del prospecto o cliente le servirá para irse convirtiendo en un experto en ayudarles a las personas a solucionar los problemas que enfrentan. Los problemas son su oportunidad para generar valor y posicionarse en la mente de sus prospectos o clientes.

Solo piense lo que puede solucionar si construye y ayuda a otros a levantar un negocio con una red de valor tan sólida que les permita tener personas que le generen volumen e ingresos. Se sentiría exitoso ¿verdad que sí? Entonces actúe, déjese ayudar para que pueda ayudar a otros emprendedores a enfrentar sus problemas de red que no les permiten lograr sus sueños.

Claro está que si usted es ese emprendedor que sufre de falta de contactos, prospectos, socios o clientes y no genera los ingresos suficientes, con seguridad es porque su negocio carece de un sistema para construir una red de valor con la anchura y profundidad que le permita crear músculo empresarial; y los que operan con un sistema, pero sin los resultados deseados, es porque no logran adaptar su sistema a las situaciones cambiantes del mundo moderno. El modelo red de valor evoluciona de forma dinámica según los cambios que ocurren en el entorno.

Ahora bien, usted puede tener los resultados deseados uniéndose al equipo y a nuestro sistema de red de valor, y le apoyaremos a construir la red de negocio como lo hacen los grandes emprendedores que lideran en la industria que representan. Si se une a nuestro sistema educativo, le llevaremos al próximo nivel. Adelante, le mostramos la oportunidad en el siguiente paso.

Paso 5. Mostrar la oportunidad del negocio a prospectos

Si su anhelo es construir una red valor y con ello ayudar a solucionar el problema de su prospecto o cliente, entonces muéstrele su producto, servicio o negocio de manera profesional.

Primero: Invite al prospecto a un evento de valor

Mostrar el negocio tiene como objetivo dar valor a las personas para que luego de una forma muy inteligente formen parte de la red de su negocio.

Esta primera invitación tiene como objetivo contarle a la persona lo que usted hace en el negocio. Consiste en explicarle que puede apoyarlo a construir su negocio y red de valor. Muéstrele que existe una información de interés para ella, a la que puede acceder por medio de audios, libros, seminarios y conferencias. Se busca darle a conocer que existen otras formas de generar ingresos teniendo su propio negocio, y no dependiendo únicamente de un salario como empleado. Se busca compartir la experiencia vivida que otros ya han tenido con su negocio propio, y contarle sobre la calidad de vida que se puede tener a partir del momento de crear un negocio con una red de valor.

Este primer acercamiento también permite compartir la experiencia del proceso de transformación vivido que nos pone a pensar como empresarios y no como empleados. De esta forma, le mostramos a la persona que existe un sistema educativo no tradicional que nos permite alcanzar éxito en el negocio; le enseñamos lo que sería capaz de hacer al convertirse en un líder, seguro de sí mismo, apasionado por lo que hace. Es mostrarle cómo sus sueños pueden convertirse en realidad al emprender un negocio y construir su red de valor.

Segundo: Preséntele la propuesta de valor al prospecto

Una propuesta de valor efectiva es aquella que satisface todo un conjunto de necesidades del prospecto a la hora de construir su red de valor y hacer crecer su negocio.

La propuesta de valor debe tener los siguientes elementos:

> ➢ Una plataforma de apoyo para desarrollar la red de valor. Esto significa que el emprendedor tiene a su disposición un espacio físico o tecnológico donde puede recibir toda la asesoría y capacitación necesaria para construir su red de valor.

➢ Un modelo de negocio funcional y el método para desarrollarlo. El emprendedor cuenta con un modelo de negocio sencillo y fácil de implementar. Al construir su red de valor, solo necesita pequeñas etapas y pasos sencillos de dar y de aplicar, si usted tiene la actitud, la pasión y entusiasmo para hacerlo funcionar en su negocio.

➢ Un modelo educativo de enseñanza para la comprensión del negocio. El modelo o sistema de red de valor tiene un plan educativo que lo forma como empresario y no como empleado; que derriba las objeciones y plantea opciones positivas; que le educa en lo que tiene que ofrecer para que luego usted decida si en verdad anhela construir una red de valor al emprender. Se recomienda invertir tiempo en analizar este punto y conocer dicho programa que elevará su potencial como empresario.

No se deje llevar solo por la parte económica o lo que podría ganar al construir su red de valor. Realmente es importante que se sumerja en conocer sobre los entrenamientos y mentoría y otros eventos de nuestro sistema educativo, porque es el plan educativo que marcará una diferencia en su vida y en su negocio. Por tanto, no se involucre en hacer la red de su negocio si no cuenta con un sistema educativo que le lleve al próximo nivel.

➢ Un equipo de apoyo que le va a asesorar en el negocio. La suma de conocimiento y esfuerzo es la mejor forma de lograr un propósito. Así que, para potenciar el éxito de su negocio, debe tener un equipo de trabajo a su disposición.

El equipo de apoyo es el que le va a asesorar en el negocio y usted será obediente a sus consejos, pues ellos ya hicieron camino en su negocio y sus experiencias le servirán mucho para el logro de sus metas y sueños. Permita que le ayudemos a darle forma a su negocio, ya que tenemos un sistema de negocio y un equipo de apoyo que le llevará a donde desea estar.

La experiencia de empresarios al construir su red de valor ha sido que siempre se debe estar aliado a un líder íntegro (fuerte, poderoso, confiable, amistoso, visionario), con verdaderas propuestas de valor y voluntad de enfocar sus esfuerzos por darles a otros la mejor oportunidad de educarlos como empresarios y apoyo de mentoría, que permiten respaldar cada estrategia que deseen aplicar para alcanzar el éxito en sus negocios.

Tercero: Muestre un plan de atracción irresistible para el prospecto

Mediante un discurso breve, usted puede mostrarles a las personas cómo ayuda a otros con su negocio, con qué lo hace, para qué lo hace y con qué fin lo hace. Para ser la alternativa de solución al problema que enfrenta su prospecto, debe tener un plan efectivo; no que impresione a la gente, sino que sea de una atracción irresistible para la gente. Debe ser breve y contundente para explicar una idea de negocio que conecte con los demás y estos reaccionen hacia el negocio.

¿Cómo hacer un plan de atracción irresistible para el prospecto?

Mire qué sencillo es. Recuerde que usted en el proceso de conocer a sus prospectos logró obtener información de ellos sobre el espíritu emprendedor, sueños, deseos y necesidades ¿verdad que sí? Pues bien, en ese proceso usted desarrolló un nivel de confianza con la persona ¿cierto? Ahora, ese nivel de confianza que se formó entre ambos, usted lo puede usar para darle un sencillo plan y atraerlo a la red de su negocio. Este sencillo plan lo puede usar para personas que ya conoce o con personas de primer contacto o contacto en frío.

Ahora le muestro cuál es el breve discurso que utilizo para atraer personas al negocio:

"Hola, mi nombre es (diga su nombre) y quiero aprovechar este espacio para conversar con usted un momento. Sabía que muchas personas quieren emprender un negocio y no saben cómo hacerlo y, si lo hacen, solo 1 de cada 10 emprendedores sobrevive al año. Por eso he creado un programa de generación de valor donde personas como yo ayudamos a las personas a elevar su potencial de emprendedor con un programa educativo para que se eduquen como empresarios, construyan su negocio, generen los ingresos suficientes y tengan una mejor calidad de vida. Permítame decirle que muchas personas como usted ya cuentan con este programa y le llamaré esta misma tarde si usted me brinda sus datos de contacto, para así darle más detalles de los beneficios que este programa le puede ofrecer. Muchas gracias".

Ahora déjeme darle una guía para que prepare su propio discurso:

Hola, mi nombre es_____ y quiero aprovechar este espacio para _____.

Sabía que_____ y no saben cómo_____. Por eso he creado el programa_____, con el que personas como yo, ayudamos _____a_____ con__ _____ para_____. Permítame decirle que muchas personas como usted ya cuentan con este programa, y le llamaré esta misma tarde si usted me facilita sus datos de contacto para brindarle más detalles de los beneficios que este programa le puede ofrecer. Muchas gracias.

No olvide pedirle al prospecto su contacto para darle seguimiento a su presentación y al interés de la persona en formar parte de su red. Listo. Suponga que ya le dio un plan de atracción irresistible y tiene su primer prospecto o cliente en la red. Ahora la pregunta es ¿qué debo hacer con él?

Primero, darle la bienvenida a su red de negocio. Dígale que no está solo y que estamos para apoyarlo a resolver el principal problema de su negocio o emprendimiento, pero déjele claro que el éxito de su negocio solo depende de él, solo él decide cuánto éxito anhela tener en su negocio. Su esfuerzo y compromiso con el negocio pueden darle altos ingresos y con ello puede tener la vida que ha soñado para él y su familia.

Ahora, si retomamos el asunto, el plan de atracción irresistible que usted dio fue sencillo y efectivo ¿verdad que sí? Esta persona ingresó a su red de valor, es decir, decidió confiar en usted para que le apoye a construir la red de valor de su negocio, pero... **¿qué hacemos con el nuevo?**

a) Apóyelo para que se conecte al sistema educativo para redes de valor

Conectar al nuevo al sistema educativo pretende:

➢ Educarlo y capacitarlo como empresario para que desarrolle la red de su negocio con base en el liderazgo. Estupendo, ¿verdad que sí?, y es sencillo, porque es por medio de audios, libros, seminarios, entrenamientos presenciales y virtuales, que desarrollará habilidades para hacer crecer la red de valor de su negocio y con ello lograr libertad financiera.

➢ Enseñarle a hablar de los beneficios y resultados de los productos o servicios de su propio negocio que al cliente y prospectos les interesa conocer. Enfóquese en el impacto que su producto o servicio le genera al cliente o prospecto: qué gana el cliente con patrocinar sus productos o servicios, cómo le beneficia a su vida o negocio, ¿le permite ahorrar dinero, tiempo, esfuerzo? Céntrese en los beneficios y no en las características del producto o servicio de su negocio.

➢ Enseñarle a que le diga a otros que hagan lo mismo que él: conectarse al sistema educativo y educarse como empresarios, hablar de los beneficios de sus productos o servicios y, hacer que otros hagan lo mismo que usted.

Una vez que la persona esté conectada al sistema educativo, jamás lo abandonará, porque sabe que su mente está recibiendo nuevas opciones para llevarlo a lograr grandes cosas en el negocio y en la vida.

b) Apóyelo para formar su propio sistema de negocio

Ayude al nuevo desde el primer momento a diseñar el sistema de negocio personal, con el cual pueda desarrollar un negocio profesional para que llegue a ser un embajador de la industria que representa.

Algunos de los elementos que ayudarán al nuevo empresario a formar su sistema de negocio son: misión-visión del empresario, sueño del empresario, retos por enfrentar, objetivos, metas de corto y largo plazos, fecha y acumulación de dinero, propuesta de negocio, pilares del negocio, indicadores de medición del negocio, plan de acción, reciprocidad y los propósitos que se persiguen con el negocio.

Dichos elementos que deben ser atendidos por el nuevo en la red suya, se analizan paso a paso más adelante en la etapa 4, llamada 'Estrategia', que debe estudiarse cuidadosamente porque contiene parte esencial y práctica a la hora de construir la red de valor de su emprendimiento.

c) Ayúdelo a diseñar la arquitectura del negocio

➢ Lo primero que debe hacer para empezar a crecer en su negocio, es tener personas para ayudarlos a que enfrenten los problemas que no les permiten tener la vida o el negocio con el que sueñan.

➢ Ayude a una cantidad suficiente de personas que le permitan llegar al nivel de vida o negocios que desea tener.

➢ Atraiga prospectos y clientes frontales en su negocio para que muevan volumen de productos o servicios de forma regular.

➢ Procure que sus prospectos, clientes o socios logren identificar un líder que les ayude a atraer nuevas personas y de esta forma ir construyendo la anchura de la red de su negocio.

➢ Procure que entre sus prospectos, clientes o socios de anchura logre identificar un líder que le apoye para atraer nuevas personas y de esta forma ir construyendo la profundidad de la red de su negocio.

➢ Si lo que quiere es tener buenos ingresos con su red de valor, lo que tiene que hacer es ponerse una meta, y la meta es ayudar a otros a tener éxito.

SAÚL NÚÑEZ

d) Apóyelo a generar ingresos

Tomar la decisión de hacer y desarrollar un negocio de manera profesional tiene grandes recompensas. Pero para gozar de todos estos beneficios debe formar un negocio con una red valor tan sólida que le permita tener la vida con la que sueña. Construir una red de valor le permite generar ingresos de forma segura, paulatina y confiable para el resto de su vida. Es *segura,* porque los ingresos se pueden predecir cuando usted define el perfil de su prospecto, conoce el problema por resolver y su negocio es la solución a su problema. De esa manera usted puede enfocarse en cuántos clientes quiere ayudar y predecir el ingreso. Es *paulatina,* porque de usted depende acelerar para pasar del ingreso que tiene al ingreso que desea. Es *confiable* porque tiene un sistema educativo que le educa como empresario para llevarle a alcanzar los niveles de ingresos cuantificables y medibles que se proponga tener.

Paso 6. Generar volumen y desplazamiento

Existen dos formas poderosas para que su negocio empiece a mover volumen. Inicia por usted como emprendedor y luego es a través de cada miembro de la red. Pero la gran pregunta es ¿cómo hacer para que el emprendedor y cada miembro de la red muevan volumen de producto o servicio? La respuesta es muy simple. Siga los siguientes pasos.

1. **Promueva su producto, servicio u oportunidad de negocio**

   a) Dele valor a cada prospecto o miembro de la red con respecto a los beneficios asociados al producto o servicio, en relación con lo que cada miembro está dispuesto a pagar por ello. Cautive al cliente con el paquete de beneficios.

Muestre la propuesta de beneficio para el cliente. Invite al prospecto a que conozca el negocio y los beneficios de los productos o servicios. Al cliente le interesa conocer los beneficios y resultados que genera el producto, no le interesan las características.

Enfóquese en la forma en que ese producto puede impactar la vida de las personas: por ejemplo, cómo ahorrar dinero y tiempo haciendo uso del producto, cómo usar el producto le puede simplificar la vida a las personas, cómo mejora la calidad de vida, cómo le ayuda a su familia o negocio.

Cautivar al cliente implica:

❖ Indicar los beneficios del producto o servicio.
❖ Mostrar el producto o servicio.
❖ Demostrar el producto o servicio.

A través de la propuesta de beneficios se logra que su negocio esté siempre en la mente de sus clientes. Un objetivo clave que debe tener en la operación de su negocio es darle al cliente la mayor experiencia de marca, producto o servicio.

b) Conecte al cliente al sistema educativo del negocio. Únase al programa de entrenamiento del sistema de red de valor para apoyarle a que eduque a su prospecto o cliente. Un prospecto que está listo para formar parte de su red de valor es un prospecto que debe ser educado por su negocio. La base para tener un cliente fiel está en la educación que usted le proporciona.

❖ ¿Por qué educar a su prospecto o cliente? Porque construye una mayor relación con los clientes, crea una ventaja ante sus competidores, demuestra una actitud empresarial profesional y genera confianza en el cliente. Un cliente educado consume de su empresa; un cliente que consume de su empresa recomienda sus productos o servicios; un cliente educado que consume y recomienda, incrementa las ventas de su empresa, porque un cliente educado es un activo de su empresa.

❖ ¿En qué educar a su cliente?

Beneficios de los productos y servicios: Debemos tener al cliente informado sobre los tipos de productos que puede consumir de la empresa, el uso del producto, derechos del cliente frente al producto o servicio, aplicación, funcionamiento y normas de seguridad. Lo más importante es educar al cliente sobre los beneficios del producto o servicio y el impacto que tendrá en su vida o negocio.

Cómo funciona su empresa: El cliente exigente no solo quiere adquirir sus productos y servicios, también necesita saber la seriedad y prestigio de su negocio que le genere confianza para comprar los productos o servicios.

Una vez que el cliente haya sido educado por su negocio, sentirá tranquilidad y confianza, además estará dispuesto a pagar por bienes y servicios disponibles en su negocio.

❖ ¿Cuáles herramientas usar para educar al cliente?

YouTube, Facebook, Instagram, Twitter, WhatsApp, la web de du empresa, charlas y seminarios presenciales y *online*.

c) Seguimiento al cliente. Si siente que el cliente aún está dudoso, entonces:

❖ Asegúrese de que el cliente esté conectando al sistema educativo de la empresa para conocer más sobre beneficios.

❖ Verifique que el cliente cuente con la información correcta.

❖ Asegúrese de que la duda del cliente no sea por inversión.

❖ Guíelo con la información que necesita para tomar una decisión.

Si ve seguridad en el cliente, entonces:

❖ Estreche su mano y felicítelo por tomar una decisión inteligente.

❖ Agradézcale su confianza al comprar sus productos o servicios.

❖ Formalice los pormenores de la venta y dele un buen servicio posventa.

Cualquiera que haya sido el motivo por el cual empezó a hacer la red de valor de su negocio, promueva su negocio generando valor, solo así podrá lograr que las personas se interesen por sus productos o servicios y por ende, usted podrá obtener los ingresos que desea.

d) Usted como emprendedor debe establecer las metas financieras que anhela alcanzar. Es decir, la cantidad de dinero que usted quiere ganar por día, por mes o por año, es lo que lo debe mover a buscar nuevos prospectos o clientes para su red, a fin de hacer crecer el negocio y los ingresos.

114 | *Cómo construir una red de valor al emprender un negocio*

2. Incite a cada prospecto de la red a actuar

   a) Si usted le da valor al cliente con respecto al producto o servicio de su negocio, con seguridad esta persona querrá ser seguidor suyo o de su negocio. Dele la posibilidad de estar en contacto con usted a través de un sitio de captura existente en su página web o celular. Esto le permitirá a usted interactuar más con el prospecto o monitorear lo que esta persona busca en su negocio.

   b) A la persona que está interesada en su negocio se le reconoce por su interés en los beneficios que los productos o servicios le pueden dar. Actualmente tenemos muy claro que "vender ya no vende, así que no venda, busque personas a las que les guste comprar".

Así que, si su negocio está en Facebook, YouTube, Instagram y WhatsApp, entonces monitoree sus aplicaciones de redes sociales y revise lo que esas personas buscan constantemente en esos sitios y dé el siguiente paso.

c) Habiendo observado la frecuencia con la que un cliente ha ingresado a su página web, Facebook, YouTube, Instagram y WhatsApp, lo que tiene que hacer es invitarlo a conocer sobre los beneficios de los productos y servicios de su negocio.

d) Cuando las personas acepten su invitación, póngase en contacto con ellos para que les presente de forma completa y profesional la propuesta de valor que su negocio tiene para ellos.

Paso 7: Dar seguimiento a las operaciones del negocio

Sin importar cuánto tiempo tenga en el negocio, es vital darle seguimiento a cada una de las actividades de su empresa. Darle seguimiento a algo simplemente es hacer lo que se tenga que hacer para lograr el sueño; es buscar contactos para convertirlos primero en prospectos y luego en clientes de su red; es contactar y luego mostrar su negocio; es apoyar y educar a sus prospecto o clientes para que compren de forma inteligente; es proporcionarles a los miembros de la red de valor el apoyo y confianza necesaria para que puedan mantenerse dentro de la industria que representan. El seguimiento que se les da a los miembros que conforman su red de valor tiene un gran objetivo: construir la mejor relación comercial que sea duradera en el tiempo.

El éxito de la red de valor que construye cada empresario depende del liderazgo que muestre en el seguimiento de cada aspecto que la compone (decisiones para el cambio, el sueño, lista de valor, contacto, oportunidad de negocio, volumen, seguimiento, promotor de sueños de vida). Esto incluye la estrategia de operación, el posicionamiento y la medición del desempeño del negocio, cuyos resultados nos van a indicar las mejoras que debemos hacer en el negocio.

Paso 8: Promover el sueño de las personas para potenciar los eventos de su negocio

Después de tantos intentos fallidos en tratar de llevar personas a los eventos que organizaba en mi negocio, me di cuenta de que estaba haciendo algo mal, puesto que no tenía resultados. Claro, este es mi caso, supongo que solo a mí me ha sucedido.

Entonces ¿qué fue lo que hice al respecto? Puse mi lupa sobre un gran número de empresarios líderes y observé la habilidad que muchos han desarrollado para tener masas de gente en los eventos. Lo que observé me sorprendió mucho y ahora es lo que estoy poniendo en práctica. Llevar personas a un evento durante el proceso de la construcción de su red de valor requiere cinco actividades principales:

1. Promover el sueño de las personas

Todas las personas tienen un sueño, cumplido o no pero tienen un sueño, uno y otro, y otro hasta no acabar. Note que cuando usted conversa sobre esto con las personas, empiezan a tomar una postura diferente, sonríen, tienen un brillo en sus ojos y, sin esfuerzo alguno, se les desborda por los poros la idea de lograr el sueño de sus vidas. Es en este preciso momento es cuando nos toca trabajar la mente y el corazón de las personas. Es decir, debemos hacer que las personas actúen y visualicen que el sueño de su vida ahora tiene una oportunidad de ser realidad con tan solo ir a los potentes eventos a los que están siendo invitados.

Los eventos son las actividades en las que usted invita a los integrantes o prospectos de la red de valor de su negocio para que conozcan más sobre su negocio, y sepan que tienen una opción a los problemas que enfrentan para lograr sus sueños. El objetivo de los eventos es educar a las personas sobre un producto, servicio u oportunidad de negocio y poder crear cada día una mejor relación comercial con los que interactúan en la red que usted tiene.

2. Comprender los deseos y necesidades de las personas

Durante la construcción de una red de valor al emprender su negocio, es importante comprender los deseos y necesidades de las personas, con el fin de conectarlas al evento exclusivo que les muestre la forma en que sus deseos y necesidades pueden llegar a tener la solución que ellos esperan.

Recuerde que el producto o servicio debe estar diseñado para resolver un problema de su prospecto o cliente, y el mejor momento de dárselo a saber es cuando lo invita a un evento de su negocio.

3. Amarrar el sueño, deseos y necesidades de la persona al evento

Una vez que usted sepa el sueño, el deseo y la necesidad de la persona, simplemente proceda a vincular el sueño con el evento. El sueño de la persona es lo que promueve el evento, no usted. Usted solo incita a las personas a desempolvar el sueño y ponerlo a actuar a través de los eventos. Promueva el sueño de las personas, no promueva el evento. Si usted promueve el sueño de las personas automáticamente el sueño promueve el evento. Así es como funciona, no puede ser de otra forma.

Comprenda que las personas irán a cualquier evento que las acerque a lograr el sueño de su vida. Hágales saber cómo el sueño de su vida puede ser realidad con los beneficios inigualables que los eventos les pueden ofrecer para el crecimiento personal y el desarrollo de capacidades como empresarios. No le insista a la persona para que asista a los eventos, solo recuérdele que el evento es la cita que él o ella tiene con el sueño de su vida.

4. Determinar los beneficios para las personas con respecto al evento

Una forma de conectar el sueño de las personas con el evento son los beneficios que se pueden extraer de estas actividades. Manifiésteles a las personas que el evento es para mostrarles una forma diferente de generar ingresos para la familia y poder tener una mejor calidad de vida. Dígales que el evento les da todas las herramientas para salir adelante, lograr sus metas financieras y los sueños que tienen en mente.

Hágales saber a las personas que en estos eventos conocerán innumerables beneficios de construir una red de valor al emprender un negocio. De esta manera, a partir de este punto usted verá cambios significativos en el volumen de personas que estarán asistiendo a los eventos durante la construcción de su red de valor.

5. Promover el sueño de las personas para el próximo evento programado

Claro está que conectar a las personas a los eventos es para elevar su potencial como personas y que crezcan como seres humanos que son, y para que se puedan educar como empresarios. Todo eso está muy bien, pero la meta principal de llevar a una persona a un evento es lograr que compre su entrada para el próximo evento, seminario o taller, entre otros. La estrategia es que la persona adquiera su boleto en el momento más elevado de su estado emocional que viva durante cada evento.

Traer las personas al próximo evento implica:

➤ Retomar el sueño de las personas y conectarlas con el evento.
➤ Citar el lugar donde se impartirá el próximo evento.
➤ Dar la fecha del evento.
➤ Indicar el costo del evento.
➤ Crear expectativas sobre el evento.
➤ Informar sobre los oradores o conferencistas invitados.
➤ Dar el tema de la conferencia.
➤ Comunicar el programa del evento.
➤ Informar sobre los bonos programados.

El más sabio consejo que le puedo dar en este proceso de llevar personas a los eventos es que desarrolle la habilidad de promover el sueño de las personas y de conectar ese sueño con el evento. Por otra parte, apóyese de los mejores promotores que tenga en su red de valor o entorno, para que le den retroalimentación en este proceso hasta convertirse en un experto promotor de sueños para eventos masivos.

Ahora es su turno para definir la etapa 1 del constructor: Sus pasos claves para construir una red de valor.

Paso 1: Determine las decisiones emprendedoras que debe tomar para tener la vida que usted quiere.

Decisión 1:_____

Decisión 2:_____

Decisión 3:_____

Decisión 4:_____

Decisión 5:_____

Decisión 6:_____

Decisión 7:_____

Decisión 8:_____

Paso 2: Defina el sueño de su vida que trascienda para transformar otras vidas.

Su sueño trascendental es:_____

_____

_____

_____

Paso 3: Haga su lista de valor para apoyar a otros a lograr su sueños.

Su lista de valor:

Nombre	Contacto	Enseñable	Duplicable	Iniciativa	Influencia	Solvencia
1.						
2.						
4.						
5.						

Paso 4: Contacte a sus prospectos para conocerlos.

1. Defina a su prospecto:

   _____

   _____

   _____

   _____

   _____

2. Identifique el reto o problema de su prospecto:

   _____

   _____

   _____

   _____

3. Cree la solución que su prospecto espera:

   _____

   _____

   _____

Paso 5: Muéstrele la oportunidad del negocio a sus prospectos.

1. Determine la forma de invitar a su prospecto:

   _____

   _____

   _____

   _____

   _____

   _____

2. Determine la propuesta de valor para su prospecto:

   _____

   _____

   _____

   _____

   _____

   _____

   _____

   _____

3. Determine su plan de atracción irresistible.

   a) Defina un breve discurso para atraer personas a su negocio:

   _____

   _____

   _____

   _____

   _____

   _____

   _____

   _____

   _____

   _____

   _____

   _____

   _____

   _____

   _____

   _____

_____

_____

b) Determine el apoyo que le dará a su nuevo socio para conectarse al sistema educativo para redes de valor:

_____

_____

_____

_____

_____

_____

_____

_____

c) Determine el apoyo que le dará a su nuevo socio para formar su propio sistema de negocio:

_____

_____

_____

_____

_____

_____

_____

_____

d) Determine el apoyo que le dará a su nuevo socio para diseñar la arquitectura del negocio:

_____

_____

_____

_____

_____

_____

_____

_____

e) Determine el apoyo que le dará a su nuevo socio para generar ingresos:

_____

_____

_____

_____

_____

_____

_____

_____

Paso 6: Genere volumen y desplazamiento.

1. Determine la forma para promover su producto, servicio u oportunidad de negocio:

    a:_____

    b:_____

    c:_____

    d:_____

2. Determine la forma de mover a cada prospecto de la red a actuar:

    a:_____

    b:_____

    c:_____

d:_____

Paso 7: Determine la forma de darles seguimiento a las operaciones del negocio.

a:_____

b:_____

c:_____

d:_____

Paso 8: Promueva el sueño de las personas para potenciar los eventos que usted está organizando.

a:_____

b:_____

c:_____

d:_____

CAPÍTULO 4
ETAPA 2. MEDICIÓN: Cómo medir el desempeño del negocio

Para saber si todas las etapas involucradas al construir una red de valor van por buen camino hacia el logro de los objetivos del negocio, el empresario necesita indicadores para entender el desempeño del negocio.

Las mediciones en las empresas son importantes. Sin medición no hay forma de darse cuenta si lo ejecutado fue según lo planeado. El objetivo de los indicadores de medición es señalar la posición del negocio y tomar las medidas correctivas en caso de ser necesario.

Dada la simplicidad con que se puede hacer una red de valor, le presentamos tres grupos o categorías de medición y sus respectivos indicadores y quehaceres diarios para evaluar el desempeño del negocio.

Los grupos de medición corresponden a los tres pilares del negocio. Se les llama 'pilares del negocio' a los elementos fundamentes de operación de una red de valor. Tales pilares son la educación, el prospecto o cliente, y el volumen de productos o servicios que se comercializa en la red. Son pilares porque sin ellos el negocio nunca podría ser un negocio en su naturaleza. Los indicadores respectivos a estos grupos de medición son los datos que nos ayudan a medir la evolución del negocio.

Seguidamente le comparto los grupos e indicadores con los cuales puede empezar a medir el desempeño de su negocio, según la meta que se haya propuesto.

Indicadores de medición para el pilar de educación

1. **Visualización del negocio**: Durante unos 10 minutos siéntese a visualizar su sueño, la estructura del negocio. Véase en un salón dando conferencias y educando a las personas de su red, sienta el éxito, piense que tiene un negocio de camino a la perfección.

2. **Audios**: Hace referencia a la cantidad de conferencias o mensajes de valor que va a escuchar por día del sistema educativo para formarse como empresario (se recomiendan 2 audios por día o más).

3. **Lectura**: Es el tiempo que dedica a cultivar su mente y su corazón en temas de la industria que representa y de crecimiento personal (se recomienda leer 30 minutos diarios o leerse como mínimo 1 libro al mes).

4. **Seminarios**: Consiste en su participación activa en conferencias para conocer más sobre el modelo red de valor, a fin de seguir desarrollando el negocio a otro nivel (se recomienda asistir a 1 seminario por mes).

5. **Convenciones**: Esta es su participación activa en conferencias que se organizan para conocer sobre el crecimiento y tendencias de la industria (se recomienda asistir a 3 convenciones al año, según la industria que representa).

6. **Entrenamientos**: Se refiere a su asistencia a capacitaciones o talleres para ir construyendo el éxito en el negocio (los que sean necesarios para mantenerse activo en el negocio).

Indicadores de medición para el pilar de cliente o socio

7. **Lista:** Son los nombres de personas que usted tiene anotados para invitarlas a conocer la oportunidad que tiene para ellos. Dicha lista debe estar alimentándose constantemente, ya que representa su materia prima de trabajo. Por tanto, incluya en su lista a las personas que sean necesarias por día, ya sea por el método presencial, *online* o el combinado.

8. **Contactos:** Son las llamadas o mensajes que debe realizar por día para invitar a las personas a conocer sus productos, servicios u oportunidad que su negocio tiene para solucionar los problemas que los prospectos enfrentan. Contacte a la cantidad de personas que sean necesarias por día.

9. **Prospectos**: Son la cantidad de personas por día a las cuales se les dio a conocer la oportunidad de negocio, con el fin de conseguir los clientes o socios para su red de negocio.

10. **Clientes**: Es la cantidad de prospectos convertidos en clientes o socios de su red, después de haber recibido asesoría sobre los beneficios asociados al producto o servicio por el que están dispuestos a pagar como solución a los problemas que enfrentan. Dele a su cliente el apoyo necesario con el fin de construir una mejor relación y proceso de fidelización con su negocio.

Indicadores de medición para el pilar de volumen

11. **Volumen personal**: Es la cantidad de productos, servicios u oportunidad de negocio que el emprendedor promueve de su organización. Representa los productos que consume de su propio negocio o los bonos que el emprendedor ofrece de forma gratuita de sus servicios, como parte de la campaña de generación de valor.

12. **Volumen de red**: Es la cantidad de consumo de productos o servicios que los participantes generan de la red de valor.

Ahora es su turno para definir la etapa 2 de medición: Cómo medir el desempeño de su negocio.

Determine la categoría de medición y sus respectivos indicadores, para evaluar el desempeño de su negocio.

Determine el área de negocio por medir (pilares del negocio).	Determine los aspectos con los que desea medir cada pilar de su negocio (los indicadores).	Indique las veces o frecuencia de las acciones por ejecutar para cada indicador.
Pilar 1.	1.	•
	2.	•
	3.	•
Pilar 2.	1.	•
	2.	•
	3.	•
Pilar 3.	1.	•
	2.	•
	3.	•

CAPÍTULO 5
ETAPA 3. LIDERAZGO: Cómo desarrollar un negocio con base en un liderazgo transformador

Construir una red de valor es sencillo de hacer, pero esto no significa que sea fácil. Si quiere tener éxito y posicionarse como un experto en su nicho de mercado, debe desarrollar una red de valor con base en un liderazgo transformador.

Estoy convencido de que muchas personas dejan de construir su red de valor porque no tuvieron la guía adecuada de acompañamiento para desarrollar el liderazgo. Quienes son emprendedores tienen una gran oportunidad de tener un negocio, pero muchas veces no saben cómo nadar en la industria en la que participan y con el tiempo se confunden, patalean sin resultados y se ahogan en cosas sencillas de hacer.

El liderazgo es algo que se puede desarrollar, pero en este proceso algunas personas requieren un mayor acompañamiento que otras.

Para reclamar su parte en el mercado en que se desarrolla y llegar a ser un embajador de la industria que representa, es necesario ser un líder; y para ser un líder de la industria que representa, usted debe:

Ser educable en liderazgo

Cuando decida emprender, decídase a construir un negocio con una red de valor. Tome en cuenta que los resultados de su negocio son su responsabilidad, de nadie más. Si quiere tener resultados y éxito, debe construirlos usted mismo. Si quiere ser el líder de una gran organización, debe serlo primero consigo mismo.

Por lo tanto, conéctese al sistema educativo del modelo red de valor y desarrolle un liderazgo de alto nivel, un liderazgo transformador, en el que sea capaz de:

1. Elevar su estado emocional para creer en usted mismo y que pueda crecer como ser humano y tener mayor posibilidad de encontrar personas que le sigan y le apoyen a impactar positivamente otras vidas.

2. Creer en usted mismo; o sea, creer que sí puede triunfar, creer que es fácil hacerlo, creer que lo va a hacer. Piense únicamente en el éxito, piense que usted es el mejor para hacerlo, crea y piense en grande.

3. Transmitir un sueño, una misión visión clara que inspire a otros (liderazgo genuino).

4. Ser decisivo.

5. Tener principios y valores.

6. Cuidar su reputación y la de la industria que representa.

7. Construir un negocio de manera profesional.

8. Definir metas y propósitos claros en su equipo de trabajo.

9. Mostrar interés por lo que los demás quieren en la vida.

10. Educarse permanentemente.

Ser duplicable y expandible mediante un modo fácil de hacer las cosas

Puede crecer y duplicar su negocio con las técnicas de otro, pero lo ideal es que también pueda buscar su modo personal de hacer funcionar su negocio. De cualquiera de las dos formas tendrá verdaderos resultados, porque usted hará que funcione.

Ser duplicable en una industria es construir un negocio que cualquiera pueda copiar; es decir, que otro haga lo mismo que usted hace de la manera más sencilla y fácil de hacer. Si a la duplicación le sumamos el correcto uso de las herramientas, se garantiza que pueda ser expandible, o sea, posible de hacerse a cualquier nivel. Por eso, un líder debe conocer paso a paso la forma sencilla de construir una red de valor:

1. Tomar decisiones emprendedoras para tener la vida que quiere.

2. Tener un sueño que trascienda para transformar otras vidas.

3. Hacer una lista de valor para ayudar a otros a lograr el sueño de su vida.

4. Contactar para conocer al prospecto.

5. Mostrarle la oportunidad de negocio a sus prospectos.

6. Generar volumen y desplazamiento.

7. Dar seguimiento a las operaciones del negocio.

8. Promover el sueño de las personas para potenciar los eventos.

Crear y desarrollar hábitos

Los líderes deben estar comprometidos con crear y desarrollar hábitos que aporten valor, para que su gente se inspire en conseguir sus metas. Una meta, un sueño, lo que desea no lo podemos lograr solos, siempre requerimos un apoyo de alguien para llegar a tener lo que anhelamos en la vida. La creación de hábitos nos acerca cada vez más a hacer las cosas que haya que hacer en el negocio para lograr lo que soñamos.

Algunos hábitos que podemos tener como líder son:

1. Visualizar cada día el negocio.
2. Ser activo y producir resultados.
3. Aprender cada día algo nuevo sobre el negocio y ser maestro de otros.
4. Mirar la solución, no solo el problema.
5. Tener siempre una meta clara.

6. Trabajar en equipo para que todos puedan llegar juntos.

7. Celebrar el logro de todos en la red.

8. Mantener enfocada a la gente en el negocio.

Comunicar adecuadamente el mensaje del negocio

Las personas que hablan en público y saben comunicar el mensaje de su negocio con seguridad tendrán una red construida a sus pies. Lo que quiero decir con esto es que cuando usted descifra la forma personal de llevarles una oportunidad de negocio a la mente y al corazón de las personas, usted empieza a tener seguidores en la vida.

Su mensaje debe impactar la vida de otras personas y estas tomarán el mensaje de forma correcta para crecer y hacerlo expandir junto con usted.

El principal aspecto por considerar para comunicar adecuadamente el mensaje de su negocio lo encuentra al responder las siguientes preguntas:

1. ¿A quién ayuda con su negocio?

2. ¿Cómo ayuda a las personas con su negocio?

3. ¿Con qué ayuda a las personas con su negocio?

4. ¿Para qué ayuda a las personas con su negocio?

Por supuesto que puede haber otros elementos que permitan dar ese mensaje que impacte a las personas, tal como la oportunidad que su negocio representa para resolver algún problema específico de su cliente, conocer lo que la gente quiere, qué quiere ser, qué quieren hacer, qué quieren ahorrar.

Desarrollar credibilidad perdurable

Un líder comprometido con su liderazgo es aceptado por los demás según su grado de credibilidad. Es decir, el líder que mantiene a su equipo enfocado, que es maestro para otros, que aprende a ver las soluciones y no solo el problema, que siempre es positivo y victorioso, que siempre está aprendiendo y promoviendo todo lo que pueda acerca del negocio y la industria, y que produce resultados en su negocio, evidentemente deja una huella positiva en la mente de las personas y de esta forma construye una creencia que genera confianza en las personas que lo siguen.

Desarrollar líderes transformadores

Tome en cuenta que en una red de valor puede haber todo tipo de personas. Tendrá prospectos, clientes, socios y personas de apoyo, entre otras; y tarde o temprano saldrá un líder en su red y así sucesivamente hasta crear una gran organización que impacte miles de vidas en el mundo.

Los que no se atreven a mostrar su liderazgo dentro de la red de valor quizás sea porque tengan miedo de liderar, incluso miedo a triunfar o destacarse dentro de una red o nicho de mercado, y por eso se mantienen con un perfil bajo dentro de la industria que representan. Estas personas son parte de la organización que está creando y por lo tanto usted debe saber valorarlas. Acérquese a este grupo de personas, pues de alguna forma ellas son parte de su trabajo de campo como líder que usted es.

Algunos integrantes esperan ver resultados del líder para decidir despegar y construir la red de sus negocios. Aquí debe estar alerta y conectarlos en un 100% al sistema educativo, para que los transforme paso a paso en líderes no solo de su negocio, sino de la industria.

Una red de valor se construye con líderes. Los demás integrantes son la otra parte de gran valor para la red, porque patrocinan los productos y servicios que usted ofrece, moviendo volumen para el negocio. Los líderes atraen líderes, prospectos, clientes, socios y también consumidores.

Sin embargo, la mejor prueba que un líder puede mostrar al construir su red de valor no solo está en aquellos que le mueven volumen del negocio, sino en los líderes que logre desarrollar durante el proceso de la construcción de la red. Esa es la clave del éxito. Desarrolle líderes en su red y tendrá un negocio líder en la industria que representa.

Ahora es su turno para definir la etapa 3 de liderazgo: Cómo desarrollar su negocio con base en un liderazgo transformador.

a. Determine las nuevas capacidades que desea tener al comprometerse en una educación de liderazgo.

Capacidad 1:_____

Capacidad 2:_____

Capacidad 3:_____

Capacidad 4:_____

Capacidad 5:_____

b. Determine su forma de ser duplicable y expandible mediante un modo fácil de hacer las cosas.

Paso 1:_____

Paso 2:_____

Paso 3:_____

Paso 4:_____

Paso 5:_____

Paso 6:_____

Paso 7:_____

Paso 8:_____

c. Cree y desarrolle hábitos de líderes.

Hábito 1:_____

Hábito 2:_____

Hábito 3:_____

Hábito 4:_____

Hábito 5:_____

Hábito 6:_____

d. Defina adecuadamente su forma de comunicar el mensaje de su negocio.

   1. ¿A quién ayuda con su negocio?

   _____

   _____

   _____

   _____

   2. ¿En qué ayuda a las personas con su negocio?

   _____

   _____

   _____

   _____

3. ¿Con qué ayuda a las personas con su negocio?

_____

_____

_____

_____

4. ¿Para qué ayuda a las personas con su negocio?

_____

_____

_____

_____

e. Busque una forma para desarrollar credibilidad perdurable en su negocio.

Credibilidad 1:_____

Credibilidad 2:_____

Credibilidad 3:_____

Credibilidad 4:_____

Credibilidad 5:_____

Credibilidad 6:_____

f. Determine a quienes desea desarrollar como líderes transformadores durante el proceso de construcción de la red.

Líder 1:_____

Líder 2:_____

Líder 3:_____

CAPÍTULO 6
ETAPA 4. ESTRATEGIAS:
Cómo alinear y poner en marcha la construcción de la red de valor

Cuando las personas deciden emprender, vemos que al desarrollar sus negocios lo hacen con mucho compromiso, entusiasmo, persistencia, disciplina y trabajo duro, pero no logran concretar sus metas a pesar de sus capacidades. Esto los agobia y deciden abandonar el negocio.

Si analizamos a las personas que abandonan su negocio, todos tienen algo en común: no tienen una estrategia para lograr sus metas. Una estrategia que los guíe para lograr sus sueños. Para construir una red de valor se requieren estrategias y una serie de acciones que permitan concentrar los esfuerzos del emprendedor y garanticen lograr las metas financiaras propuestas. Si esto no es así, usted solo está perdiendo el tiempo y no haciendo lo necesario para construir su red de valor. Para alinear y poner en marcha la construcción de una red de valor, la estrategia debe incluir:

Propuesta de valor

Los elementos que conforman la propuesta de valor son plataforma de apoyo, modelo de negocio funcional y método de desarrollo, modelo educativo, y equipo de apoyo, los cuales ya fueron analizados respectivamente al inicio de este libro en la etapa 1, paso 5 del modelo de negocio de red de valor.

Pilares del negocio

Existen tres pilares para desarrollar la red de valor, los cuales son la base del negocio: la educación, el cliente y el volumen, sin los cuales la red nunca se lograría construir y nunca se crearía un negocio. La suma de estos elementos son los pilares para quienes anhelan desarrollar una empresa a otro nivel con resultados diferentes, es el triple salto o vehículo para quienes tienen un sueño en mente y anhelan alcanzarlo.

El desarrollo de los pilares en este apartado es breve, ya que por su importancia en el negocio son abarcados en todo el libro dejando claro su contenido. Puede también dirigirse a las etapas 2 y 5 del modelo de negocio red de valor analizado en este libro.

Enfoque y determinación en el negocio

Miles de personas alrededor del mundo desean construir una red de valor en su negocio que les genere miles de dólares mensualmente. Sin embargo, eso no va a suceder de un día para otro, ya que lo primero que usted debe hacer antes de desarrollar un negocio en red es elevar su potencial de emprendedor o nivel de creencia en sí mismo, lo que le permitirá alcanzar progresivamente el sueño de su vida o cualquier cosa que se proponga hacer.

Con seguridad, en algún momento se ha topado con personas que han tenido éxito en sus negocios tradicionales o no tradicionales, ¿cierto? Muy probablemente eso encendió una chispa en su cabeza y mandó un circuito al hemisferio derecho de su cerebro elevando su nivel emocional de querer hacer cosas diferentes, y eso le manda a un segundo nivel

174 | *Cómo construir una red de valor al emprender un negocio*

de buscar la manera de emprender su propio negocio. ¿Verdad que sí?

Pero al querer aterrizar la idea nos damos cuenta de que emprender un negocio propio no es suficiente, es necesario desearlo, anhelarlo, comprometerse; es necesaria una educación y capacitación que marquen una diferencia en su vida. Es vital pensar de forma diferente tal como lo hacen los empresarios que están liderando en la industria; es necesario soñar, hacer todo eso y más si verdaderamente anhela tener éxito en los negocios como grandes empresarios lo han tenido.

Pero ya que estamos en tan apasionado asunto, veamos el caso de los que no terminaron la escuela primaria, o la universidad, y ahora lideran grandes imperios. Nos damos cuenta de que estas personas alcanzaron sus sueños porque decidieron nunca negociar sobre el éxito, ni jugar con él, simplemente se prepararon emocionalmente para ser empresarios y no empleados; son personas disciplinadas en lo que hacen, disfrutan lo que hacen, aman lo que hacen, viven por lo que hacen, son apasionados en lo que hacen.

Para tener éxito en los negocios usted debe estar rodeado de personas o empresarios exitosos. Debe estar compartiendo con aquellos mentores que tengan experiencia en la industria en la que desea emprender. Emprender algo por sí solo le puede llevar más tiempo para obtener el éxito. En cualquiera de los dos casos —iniciar un negocio por cuenta propia o con el apoyo de un mentor— es vital que posea enfoque y determinación en cualquier meta que se ponga en el proceso para alcanzar el éxito en su negocio.

El enfoque está íntimamente relacionado con la visualización de lo que queremos lograr en nuestra vida. Está relacionado con no pensar en nada más, sino en aquello que anhelamos o nos proponemos conseguir. Es prácticamente dejar de hacer otras cosas para dedicarnos 100% a una actividad; es tener claro lo que queremos en la vida; es tener un rumbo, un sueño que nos haga vibrar.

El enfoque es verdaderamente contundente si está determinado. La determinación va unida a la decisión de conseguir lo que desea en su negocio o en cualquier cosa que haga en la vida. La determinación es no rendirse nunca. Si se cae, se levanta; si vuelve a caer, se vuelve a levantar, punto. El enfoque y la determinación nunca pueden actuar de forma independiente, ya que cuando usted decide ponerse una meta, no habrá nada en el mundo que lo detenga hasta lograrla.

El enfoque y la determinación son vitales para lograr el éxito y por tanto no deben existir distractores que le vayan a desenfocar de sus sueños y sus metas. Si está determinado a lograr algo, debe hacerlo en un periodo establecido. Debe ponerles fechas a sus metas o ponerse metas por horas, por día, por mes o por año; pero nunca deje de ponerse metas en la vida.

Enfóquese en lo que es verdaderamente importante y no en los obstáculos. Aléjese de las influencias negativas y esquive esos miedos que pueden debilitar su plan… o asúmalos para crecer. Busque a personas que influyan positivamente en su vida, crea en usted mismo, crea en su potencial, crea que usted es imparable, crea que usted es una persona que vino al mundo para tener éxito si está decidido a hacerlo con enfoque.

Método personal que lo lleve hacia la libertad financiera

Independientemente del grado de enfoque y determinación que tenga el empresario, no existe una forma única para lograr las metas que cada empresario se haya propuesto. Hay muchos caminos diferentes para llegar a una misma meta. La estrategia —que es un plan formado con el sueño, retos, metas y acciones que un empresario utiliza para alcanzar lo planeado— puede ser útil o no para otro en su red.

Esencialmente, la estrategia es el enfoque personal que cada empresario le da a su negocio para lograr los resultados que busca. La forma como un empresario ejecute ese enfoque personal es lo que se conoce como la 'estrategia de operaciones'. Es decir, cómo los pasos para la construcción de una red de valor están siendo diseñados y organizados para atraer personas que consuman o representen un mismo producto o servicio, y que estos a la vez puedan enseñar a otros a hacer lo mismo.

Cabe destacar que cuando deciden emprender una red de valor, muchas personas no siempre utilizan la estrategia como el plan que toda empresa debe formar con base en la misión, principios, valores, metas y acciones por seguir.

En su defecto, los empresarios utilizan el sueño de sus vidas como el elemento único que los mueve a hacer diferentes cosas hasta poder lograr ese sueño o lo que haya que hacer para lograrlo. Sin embargo, el sueño no es suficiente, por eso, lamentablemente, a veces las personas se dispersan porque no tiene un método escrito que los guíe y, lo que es peor, se frustran porque no ven buenos resultados en el corto y largo plazos.

A partir de este hallazgo y considerando la experiencia de muchos empresarios que han construido su red de valor en sus negocios tradicionales y no tradicionales, me he tomado la libertad de investigar, estudiar y proponer varios elementos que se requieren alinear y seguir paso a paso para obtener los resultados deseados en el corto y largo plazos que un emprendedor anhela tener en la construcción de su red de valor.

Los pasos que he ordenado secuencialmente es una metodología útil para que usted pueda visualizar su negocio y mantenerse enfocado y determinado en alcanzar su meta de una forma más sencilla:

1. **Defina el sueño de su vida**. Toda persona, desde que tiene razón de ser, es un soñador y como soñador siempre querrá alcanzar ese sueño. Querer alcanzar ese sueño no basta, no es suficiente. Pero anhelar ese sueño y

luego buscar las formas para alcanzarlo y ejecutar esos planes será sin duda alguna la mejor de las experiencias que un soñador tenga para contarle al mundo cómo ayudó a otros en el proceso de alcanzar el sueño de su vida. Por eso, la dinámica es trascender, ampliar ese sueño y transformar otras vidas. El ser humano es un obstinado soñador por naturaleza hasta la muerte. Sueñe en grande, defina el sueño de su vida y siga los siguientes pasos para poder alcanzarlo.

2. **Defina el reto al que se enfrenta**. Si verdaderamente desea alcanzar su sueño, busque la forma de servir a otras personas para que tengan éxito y una mejor calidad de vida. Ayude a otros a resolver los problemas que enfrentan para lograr sus metas. Un sueño se logra ayudando a los demás.

3. **Determine el objetivo para lograr su sueño**. Establezca la forma de servir o ayudar a otras personas a tener éxito en su vida. Sea un empresario que no solo marque la diferencia, sino que sea ÚNICO y ayude a otros a formar su red de valor.

4. **Establezca su meta de largo plazo**. Quien empieza a ser empresario construye una red de valor para el largo plazo, y debe pensar en ser un embajador del negocio de manera que pueda impactar y mejorar la calidad de vida de otras personas alrededor del mundo. Si usted piensa en la meta más alta a largo plazo y se enfoca y está determinado a alcanzar esa meta, es decir, si usted piensa en grande, entonces alcanzar sus metas de corto plazo será más sencillo, porque al pensar en grande, los problemas que encuentre en sus metas de corto plazo jamás serán

un obstáculo, ya que pensar al más alto nivel le permite enfocarse en las soluciones y no en los obstáculos.

5. **Determine la fecha y acumulación del dinero**. Es de vital importancia que establezca la cantidad exacta de dinero que desea ganar en una fecha límite, tanto a largo como a corto plazos. Para alcanzar sus ingresos, usted debe ayudarles a otros a diseñar la arquitectura de un negocio con suficiente número de líderes que le permitan formar con solidez la anchura y profundidad de la red.

6. **Establezca su meta de corto plazo**. Defina lo que se propone lograr al cabo de doce meses. Las metas se corren de forma anual, por lo que debe planear muy bien para cada año fiscal. Defina lo que hará cada mes, cada semana, cada día, cada hora. Corra, a toda red de

líderes le gusta viajar a la velocidad del éxito.

7. **Determine la propuesta de valor del negocio.** Es importante dejar claro los elementos de la propuesta de valor que satisfagan todo un conjunto de necesidades del prospecto a la hora de construir su red de valor y hacer crecer su negocio.

8. **Determine los pilares del negocio para lograr sus metas**. Si anhela construir una red de valor, tome en cuenta (1) un sistema educativo que eleve su potencial como emprendedor; (2) que el número de clientes en su negocio no tenga límites; y (3), que el volumen o comercialización que mueva en su negocio sea ilimitado.

9. **Determine los indicadores que medirán el desempeño de su**

negocio. Si usted no tiene un mecanismo para medir el desempeño de su negocio, probablemente nunca lo verá crecer y sentirá que no sabe hacia dónde ir. Los indicadores de medición le dicen cómo está el avance del negocio con respecto al logro de sus metas. Los indicadores del negocio le dicen los resultados que hasta ahora tiene en el negocio, con lo cual usted puede tener retroalimentación y hacer los ajustes necesarios. Del negocio usted mide aquello que es relevante para crecer, empiece por los indicadores de la educación, el cliente y el volumen del negocio. Estos tres elementos merecen un monitoreo constante, porque son los que llevan el pulso del negocio.

10. **Cree un plan de acción**. Son las acciones que usted escribe y que debe ejecutar o llevar a cabo día a día para lograr su meta, su objetivo y su sueño. Es

hacer lo que se tenga que hacer para lograr su sueño. El plan de acción es el que respalda la ejecución de los pilares del negocio. La ejecución de tales acciones se convierte en los hábitos del negocio.

11. **Reciprocidad**. Así llamo a lo que debemos darle a la sociedad. En la vida no todo es recibir, también hay que dar. Usted debe dar a cambio algo por el dinero que recibe o por el éxito que alcanza. Es decir, devuélvale a la sociedad una parte de lo que tanto le ha dado. Esto es muy simple de hacer, comparta su negocio con otros, ayúdelos a elevar su potencial, conéctelos al programa educativo para que sean líderes y empresarios, apóyelos a lograr sus metas, ayúdelos a generar ingresos para que tengan una mejor calidad de vida y logren ver un mundo mejor para todos. Si su misión es ayudar a las

personas que están listas y anhelan moverse hacia adelante ahora mismo, entonces, solo por hoy, haga algo verdaderamente loco para ellos. ¿Qué? Permítales elegir el precio de compra de uno de sus programas de capacitación. Sí, lo sé, una locura, pero quizá esto sea el apoyo verdadero que esa persona esperaba para emprender. Hacer esto es una forma de devolverle a la sociedad lo que tanto le ha dado.

12. **Defina su propósito**. Considero que el propósito va más allá de lo que se define como 'objetivos del negocio'. Es la intensión de hacer algo por lo que usted siente pasión, voluntad y amor. Es hacer algo que va a llenar un vacío que siente por dentro. Es por lo que usted vino al mundo, el propósito hecho misión. Ahora, ¿Con qué propósito construirá su red de valor al emprender su negocio?

Ahora es su turno para definir la etapa 4, estrategias: Cómo alinear y poner en marcha la construcción de la red de valor (siga la estructura del ejemplo que aparece en la figura 4 y ajústela a su negocio).

Figura 4.
Cómo estar enfocado y determinado en la construcción de una red de valor al emprender un negocio (Ejemplo)

	Sistema de negocio						Estrategia de operaciones		Medición del desempeño	Plan de acción	Reciprocidad	Propósito
1	2	3	4	5	6		7	8	9	10	11	12
Defina el sueño de su vida	¿A cuál reto se enfrenta?	Determine el objetivo o estrategia	Meta principal de largo plazo	Fecha y acumulación de dinero	Metas de corto plazo		Propuesta de valor	Pilares del negocio para lograr las metas	Indicadores de medición del desempeño del negocio	Plan de acción	Reciprocidad	Propósitos
Escriba azul el sueño de su vida.	¿Cómo servir a otras personas para que tengan éxito y una mejor calidad de vida?	Desarrollar una empresa independiente de (poner aquí la **actividad principal del negocio**), con el fin de ayudar a otros a tener éxito y una mejor calidad de vida.	Apoyar a suficiente número de personas para que nos permita llegar al nivel de (**poner aquí el nivel que desea lograr**) al (**poner fecha de cierre fiscal**), con el fin de impactar la calidad de vida de más personas.	Nuestro deseo y compromiso es acumular USD $ (**poner monto**) y más, al **fecha cierre fiscal**), con el fin de (**poner lo que hará con ese dinero**).	Deseo y me comprometo apoyar a (**poner cantidad de personas**) y más, y a alcanzar el (**poner aquí el nivel que desea lograr**) al (**poner fecha fiscal**), con el fin de mejorar su calidad de vida.		1. Plataforma de apoyo 2. Modelo de negocio 3. Sistema educativo 4. Equipo de apoyo	Educación	1. Tiempo para visualizar, percibir y escuchar cómo se desarrolla su negocio. 2. Tiempos de lectura. 3. Cantidad de audios escuchados. 4. Cantidad de mentoría empresarial recibida. 5. Cantidad de seminarios, talleres y webinars a los que ha asistido. 6. Cantidad de conversiones a las que ha asistido. 7. Cantidad de cursos de capacitación recibidos. 8. Cantidad de líderes conectados al sistema educativo.	1. Visualizar, percibir y escuchar el desarrollo de su negocio durante 30 minutos diarios. 2. Leer mínimo 30 minutos diarios sobre negocios (12 libros al año). 3. Escuchar 2 audios por día. 4. Promover y asistir a mentoría empresarial semanal. 5. Promover y asistir a seminarios, talleres y webinars organizados. 6. Promover y asistir a las conversiones anuales organizadas en su industria. 7. Hacer los cursos de capacitación que se promuevan por mes. 8. Tener a 10 y más personas conectadas al sistema educativo por mes.	(Escriba aquí lo que usted se propone dar a cambio del dinero u éxito que reciba).	(Escriba aquí esa intención de hacer algo por lo que siente pasión, amor, voluntad. Es hacer algo que va a llenar un vacío que siente por dentro, y que ahora te hace feliz: tener el medio para lograrlo. Es decir, ¿con qué propósito hará este negocio? Su propósito hecho misión.
								Clientes o socios	9. Cantidad de personas incluidas a actuar. 10. Cantidad de prospectos por día. 11. Cantidad de clientes por día. 12. Cantidad de socios por día.	9. Incitar a 10 y más personas a actuar. 10. Mostrar el producto, servicio u oportunidad de negocio a 10 y más prospectos por mes (individual o grupal). 11. Crear (X) nuevos clientes por mes. 12. Crear (X) nuevos socios por mes. 13. Hacer seguimiento y control.		
								Volumen	13. Cantidad de ventas mensuales.	14. Comercializar la cantidad de bienes o servicios necesarios por mes para lograr la meta financiera planeada.		

CAPÍTULO 7
ETAPA 5. Educación: Cómo ser educado como empresario y no como empleado

Cuando se decide emprender y construir la red de valor de su negocio, es importante estar conectado a un sistema educativo para que lo transforme como ser humano y lo eduque como empresario, con el fin de lograr el éxito en la industria que representa.

En ese sentido, considerando la importancia de la educación que todo emprendedor debe tener al construir una organización en red, le mostramos el sistema educativo que acompaña al modelo de negocio presentado en este libro y que ahora se extiende a usted para su beneficio.

Ya sea que su intensión sea educarse como empresario o educar a sus prospectos, clientes o socios del negocio, usted puede apalancarse en los siguientes pasos para diseñar o determinar el sistema educativo que más se ajusta para la enseñanza o el aprendizaje como empresario.

Un método exclusivo

Descripción del sistema

El sistema educativo para emprendedores se centra en entrenamientos que les permiten a las personas una formación profesional de alto emprendimiento. La educación que el emprendedor reciba está 100 % orientada a resultados. El sistema consiste en empresarios educando a personas a formarse como empresarios y no como empleados.

Optar por este sistema le permite a cualquier persona con estudios o sin estudios llegar a niveles de crecimiento personal, empresariales y de ingresos mucho mayores que los de una persona común y corriente, como en mi caso. Este sistema es una alternativa real de formación profesional que puede ser elegida por todo tipo de persona mayor de edad.

Fundamentos del sistema

Uno de los aspectos claves para construir una red de valor al emprender un negocio es la educación. Toda persona que emprenda un negocio debe tener la posibilidad y el derecho de ser educado como empresario y no como empleado.

El sistema educativo que le debe acompañar para construir la red de valor de su negocio debe tener tres elementos fundamentales:

➢ **Ser incluyente:** No le debe pedir ni experiencia, ni idiomas, ni títulos. El único requisito es tener un sueño y las ganas de alcanzarlo que lo lleven a especializarse al máximo nivel de la industria que usted representa.

➢ **Educación para la vida:** Le debe enseñar a comprender el entorno en que se desarrolla como persona y empresario, a tomar decisiones valiosas, a que sepa de la existencia de una forma diferente de hacer las cosas para generar ingresos superiores a los obtenidos, a que sueñe, a que eleve su mente y expanda su corazón, a que silencie su ego y brote su poder y enseñe a otros a hacer lo mismo. Un sistema donde la educación sea permanente y les permita a las personas elevar su potencial mediante programas de entrenamientos que puedan ser tomarlos en cualquier momento de su vida para hacer crecer su mente, su negocio y el ingreso de dinero en su bolsillo.

➢ **Educación para ser empresario y no empleado:** Este sistema valora diseñar programas de entrenamiento para que cualquier persona sea educada como empresario y no como empleado; donde a toda persona se le permita que sueñe en grande, se le enseñe a que enfrente sus principales retos, defina estrategias, aprenda a ponerse metas, a determinar la fecha y acumulación de dinero que desea ganar, a hacer propuestas de valor, a medir el desempeño de su negocio y hacer un plan de acción. Es decir, es un programa diseñado para que las personas luchen por sus sueños y no para el sueño de otro; que luchen por su vida, por su abundancia y prosperidad, y logren tener una mejor calidad de vida.

Objetivo del sistema. Educar en lo que haya que educar a la persona para que tenga éxito en construir la red de valor al emprender su negocio.

Metodología del sistema

Cuando las personas acudan por apoyo, es importante conectarlos al sistema educativo para enseñarles tres cosas fundamentales.

➤ Cómo ser un empresario que desarrolle un negocio con base en el liderazgo.

➤ Generar valor a sus prospectos y clientes con respecto a los beneficios y resultados de los productos, servicios u oportunidad de negocio que al prospecto y cliente les interesa conocer.

➤ Decirles a otros que hagan lo mismo que él: conectarse al sistema educativo y educarse como empresarios, generar valor y hacer que otros hagan lo mismo que él.

El sistema educativo se basa en el entrenamiento individual o grupal de forma presencial y *online*, que le ayudará al crecimiento personal y a desarrollar habilidades para construir su negocio y red de valor.

Programas de alto valor

La misión es ayudar a las personas a elevar su potencial de emprendedor con un programa educativo para que se eduquen como empresarios, construyan su negocio, generen los ingresos suficientes y tengan una mejor calidad de vida. Para lograr la misión es importante el desarrollo de programas de entrenamiento y mentoría, conferencias, seminario y talleres, certificaciones, coaching y consultoría que acompañen el crecimiento y desarrollo de los negocios de los emprendedores. La idea de los programas es crear líderes emprendedores que se dejen apoyar para formar la red de valor al emprender su negocio, con el fin de que ayuden a otros líderes a hacer lo mismo, y así sucesivamente.

Los programas se diseñan en módulos para llevar al emprendedor paso a paso a construir la red de su negocio, acercándolos cada vez más a lograr con éxito el sueño de sus vidas.

Con los programas de entrenamiento y mentoría, entre otros, el emprendedor aprenderá desde lo básico hasta lo más esencial para construir su red de negocio al más alto nivel, para tocar más corazones y poderles mostrar a otros su producto, servicios u oportunidad de negocio, e inspirarlos a que también puedan construir la vida con abundancia y prosperidad que todo ser humano merece tener.

Con los programas comprenderán la forma de manejar las operaciones del negocio o emprendimiento, a valorar la educación empresarial, a trabajar la actitud ante el negocio, a entrenar su mente para que sean ganadores, a ser líderes transformadores y a actuar inmediatamente. Todo el programa aporta al desarrollo de las habilidades y conocimientos necesarios para alcanzar el éxito en la construcción de la red de su negocio.

Apalancarse con este programa es vital para no abandonar el negocio. Usted debe educarse constantemente sobre la industria y desarrollo de su negocio, lo cual le permite estar cada vez más cerca de su sueño.

Una vez que el emprendedor se haya unido al programa, comprenderá que este tipo de educación lo pone a pensar de modo diferente, como lo hacen los ricos; lo pone a soñar y a actuar en grande, lo pone a pensar como empresario y no como empleado; lo pone a facturar y expandirse para generar los ingresos hacia la libertad financiera que desea. Por eso, el emprendedor visionario jamás se divorciará de este programa educativo a nivel empresarial.

Una persona comprometida con su educación empresarial es un empresario que pasará del punto A al punto B. Es decir, la educación que lo transforme a pensar de forma distinta le ayudará a realizar las acciones necesarias para pasar de la vida que tiene a la vida que quiere. En este sentido, la educación es clave para el cambio y crecimiento en el negocio que el emprendedor construye.

Programas de renombre

Después de haber creado el contenido de valor de los programas se les asigna un nombre competitivo y que se haga fácil referirse a ellos. El nombre y el éxito de los programas va unido a las necesidades o deseos requeridos del usuario. Los programas hechos a la medida son los de mayor éxito en el mundo empresarial.

Inversión de los programas

Una vez creado el contenido de los programas y asignado el nombre y los tiempos necesarios para su desarrollo, es importante determinar la inversión que harán los usuarios en cada uno de ellos. La inversión en los programas educativos empresariales debe ser clara y competitiva a cada paquete existente en el mercado. Caso contrario, los usuarios tendrán la dificultad de elegir el programa que más les convenga. La inversión para ser educado como empresario puede ser alta o baja, pero debe ser justa de acuerdo con el valor que se entregue a los usuarios en el programa educativo.

Recursos educativos

El empresario tiene a su disposición un modelo de negocio funcional, un modelo educativo para la comprensión del negocio y un equipo de apoyo para asesorarle en el negocio. El programa de entrenamiento debe darse de forma individual o grupal en la modalidad presencial y *online*.

Ahora es su turno para definir la etapa 5 de educación: Cómo ser educado como empresario y no como empleado.

Método exclusivo

1. De una breve descripción del sistema educativo que requiere su negocio para ser educado como empresario.

   _____

   _____

   _____

   _____

2. Determine los tres elementos fundamentales que debe tener el sistema educativo de su negocio.

   Elemento 1:_____

   Elemento 2:_____

   Elemento 3:_____

3. Determine el principal objetivo de su sistema educativo.

   _____

   _____

   _____

   _____

   _____

4. Cuando usted se conecte al sistema educativo es para enseñar o aprender tres cosas fundamentales (metodología del sistema):

   a)_____

   b)_____

   c)_____

5. Determine los programas de alto valor que requiere su sistema educativo.

a)_____

b)_____

c)_____

6. Determine los recursos que requiere su sistema educativo para educarse o enseñar sobre su negocio.

a)_____

b)_____

c)_____

Comentario final

Deseo manifestar que este libro es producto de una investigación personal, de mi experiencia de vida, de la experiencia obtenida en emprendimientos tradicionales y del aprendizaje y enseñanzas adquiridas en la industria del mercadeo en red. Lo escrito en este libro me ha funcionado y ha funcionado para muchas personas, pero no garantiza que funcione para usted. Usted debe hacerlo funcionar con su esfuerzo, enfoque y determinación, pero por supuesto estoy aquí para apoyarlo en este proceso.

Gracias y ¡muchos éxitos!

Acerca del autor

Saúl Núñez es doctor en Ciencias Económicas y Empresariales; máster en Administración de Negocios con énfasis en Finanzas; máster en Gerencia de Producción y Operaciones; licenciado en Administración de Negocios con énfasis en Mercadeo, con mención honorífica Magna Cum Laude Probatus, todos los grados obtenidos en la Universidad Latinoamericana de Ciencia y Tecnología, ULACIT, de Costa Rica. Cuenta además con un Diplomado Internacional en Derechos Humanos: Derechos Económicos, Sociales y Culturales, del IIDH. Es Facilitador de Procesos de Cambio con PNL de ESPNL México

Por muchos años fue profesor de gerencia de producción y operaciones, y de investigación aplicada a nivel de maestría en la Facultad de Ciencias Económicas y Empresariales, de la Universidad Latinoamericana de Ciencia y Tecnología (ULACIT). Ha sido director de tesis doctoral en ULACIT, y profesor de mercadeo internacional en la Escuela de Posgrado de Relaciones Internacionales de la Universidad Nacional de Costa Rica y en la UNED, Costa Rica.

Fue emprendedor tradicional en las industrias lechera, cárnica y de servicio industrial. Actualmente emprende su negocio de entrenamiento y mentoría para emprendedores.

Para su contacto personal:

WhatsApp (506) 8840-6739.

Correo electrónico: snunezc206@gmail.com

Correo electrónico: dr.saulnunez@gmail.com

Facebook:

https://www.facebook.com/saulnunezcortes

Referencias bibliográficas

Kiyosaki, R.T; Lechter, S.L. (2006). *La escuela de negocios: para personas que gustan ayudar a los demás.* EE. UU.: Aguilar.